AF231321

Le réveil de l'Europe !

Éditions d'Organisation
Groupe Eyrolles
61, bd Saint-Germain
75240 Paris Cedex 05

www.editions-organisation.com
www.editions-eyrolles.com

Jérôme Bédier

Illustrations de Wolinski

Le réveil de l'Europe !

EYROLLES
Éditions d'Organisation

À tous les jeunes
qui vont construire
l'Europe de demain.

Sommaire

2009, année de la crise ? Sans doute, fatalement, mais pas seulement : si les crises ont une utilité, c'est d'éclaircir le terrain et d'obliger à l'action ? L'année de la crise sera-t-elle l'année où l'Europe sortira du tunnel dépressif où elle tâtonne depuis trop longtemps ?

Le moment est décisif en raison d'une conjonction rare d'événements.

La crise économique et financière internationale, dont l'ampleur s'est révélée en 2008, a montré une fois de plus qu'on avait **besoin d'Europe**, que pour réagir il fallait se concerter, que l'efficacité et la crédibilité face aux marchés étaient à ce prix. Le Medef avait insisté dès l'automne 2006 sur la nécessité de disposer d'outils européens opérationnels en cas de crise[1].

Cette crise est paradoxale : elle a réveillé les pires réflexes protectionnistes ; l'acquis communautaire se voit remis en cause : l'euro, le marché unique, nos règles communes. Début mars 2009, est réapparue l'ombre du rideau de fer quand les pays de l'Est faisaient front collectivement tandis que les « grands » pays européens se retrouvaient de leur côté. Cette crise a en même temps mis en lumière la solidarité naturelle des États européens : soutenir l'automobile française, c'est aussi préserver l'emploi en Tchéquie ou en

---

1. « La gouvernance économique de l'Europe », commission Europe du Medef, octobre 2006.

Roumanie, sauver les banques belges ou hongroises, c'est éviter une contagion à tout le système bancaire européen.

Aucun responsable politique en Europe ne peut imaginer que son pays s'en sortira seul. Dans le débat mondial ouvert au G20, les Européens n'existeront que s'ils se présentent unis. Ils le savent. Ils ne peuvent comme ils l'ont montré pendant la présidence française.

La présidence française, précisément, avait redonné à l'Europe du souffle et l'élan qu'elle semblait avoir perdu après des mois de débats institutionnels inintelligibles. L'Europe avait semblé capable de poser les questions dérangeantes de son rôle dans les conflits, de l'énergie et du climat, du nouvel ordre économique mondial à inventer.

Le cinquantième anniversaire de l'entrée en vigueur du traité de Rome, en 1958, marque une étape. Il a été une occasion supplémentaire de ressasser le lancinant débat sur les difficultés de l'Europe après les trois référendums négatifs. Tout y est passé : l'Europe en panne, la fatigue de l'Europe, l'Europe malade, l'Europe frigide même, ce qu'aurait sans doute contesté Jupiter qui, déguisé en taureau, enleva la nymphe. Qu'il y ait une crise de confiance, inutile de le nier. L'heure ne doit pas être à l'europtimisme béat. Mais on ne sort de la dépression que par l'action : l'Europe doit retrouver le sens du concret, pour que les Européens aient réellement **envie** d'Europe.

Laissons derrière nous les cinquante dernières années et travaillons aux cinquante prochaines. L'Europe doit, elle aussi, entrer dans le xxie siècle.

Enfin, les *élections au Parlement européen* de juin 2009 et la *désignation à l'automne de la nouvelle Commission*, le « gouvernement européen », offrent l'opportunité d'ouvrir une discussion nouvelle sur l'avenir de l'Europe, une opportunité qu'on n'a pas le droit de rater.

Les entreprises veulent participer au débat : elles estiment qu'elles ont **besoin** d'Europe, et donc avec elles leurs salariés et les citoyens. Les entreprises de toutes tailles vivent au quotidien l'Europe, ses marchés, ses habitants, elles savent qu'elles ont besoin d'un cadre stimulant pour lutter dans la mondialisation, elles sentent aussi que si l'Europe ne progresse plus, ou ne sait pas où elle va, l'acquis communautaire pourrait un jour être remis en cause sous les coups de boutoir des ruptures imprévisibles.

Et, pourtant, le patronat français n'a pas toujours été un fanatique de la construction européenne. En 1957, il s'était inquiété des conséquences du marché commun et de l'abandon de certaines protections. Il est resté plutôt discret lors des deux derniers référendums, celui de Maastricht en 1992 et celui du Traité constitutionnel en 2005. Il s'est livré parfois à des escarmouches contre des mesures d'organisation du marché intérieur qui remettaient en cause des avantages et des limitations de concurrence. La directive Services a été un sujet délicat. Mais il s'est toujours investi sur les dossiers et a tenu son rôle dans la communauté européenne des entreprises représentée par BusinessEurope.

Sous l'impulsion de Laurence Parisot, le Medef a placé l'Europe au cœur de ses préoccupations. Une commission nouvelle a été créée en 2005 pour porter cette réflexion, les contacts avec la Commission européenne et le Parlement ont été intensifiés, le Medef a tenu, pour la première fois, en février 2008, un conseil exécutif et son assemblée générale hors de France, au Berlaymont et au Parlement européen, dans l'enceinte même des instances communautaires.

La raison en est simple : un souhait fort des entreprises, des grandes déjà présentes à Bruxelles, comme des petites avides d'en pénétrer les arcanes.

Mais il y en a une autre : la conviction que sans un engagement fort de la société civile en général, et des entreprises en particulier, l'Europe n'ira pas vers son avenir. Un intervenant vigoureux avait apostrophé le patronat lors du débat sur l'Europe que le Medef avait organisé en août 2008, lors de son Université d'été en présence de Hans-Gert Pöttering le Président allemand du Parlement européen : « *Les politiques sont fatigués, vous les entreprises que faites-vous pour la construction européenne ?* »

Les entreprises y sont attachées, parce qu'elles la perçoivent comme un moyen de s'organiser et de peser dans la mondialisation. Historiquement, les milieux d'affaires avaient d'ailleurs poussé à la réalisation du marché unique, et l'European Round Table[1] avait été un partenaire actif de la présidence de Jacques Delors.

Aujourd'hui encore, BusinessEurope, qui représente trente-quatre pays européens, s'y essaye sous l'impulsion de son Président. Mais pour de nombreuses organisations, l'Europe reste encore *business as usual.* Concentrées sur les enjeux opérationnels à court terme, directives et règlements, elles n'ont pas de temps à consacrer à la réflexion à moyen terme. Cette expérience, nous l'avons faite lors de l'élaboration d'un document conclu avec nos confrères tchèques et suédois pour la période 2008-2009[2] celle du trio des présidences tchèque, française et suédoise.

Une association, le « think tank » *Europe et Société,* avait organisé un colloque en janvier 2006 sur le thème « comment et en quoi les acteurs économiques et sociaux participent-ils à l'émergence et au développement d'une conscience européenne ? » Cette question est pertinente même si la réponse n'est pas évidente. On ne compte plus les colloques, les rencontres, les petits déjeuners, les commémorations, les manifestations en faveur de l'Europe, avec des publics divers, souvent éminents, parfois vieillissants. « Pour un tel inventaire il faudrait un Prévert » aurait dit Brassens.

---

1. *European Round Table* : association qui rassemble les 45 patrons des plus grandes entreprises européennes.
2. Document *Back on Track – Pour une Europe compétitive sans barrières,* écrit en quatre langues, 21 janvier 2008.

La société civile, c'est-à-dire nous tous, doit se mobiliser pour redonner aux politiques cette envie d'Europe.

D'abord, la génération historique, celle qui a connu la guerre et construit l'Europe telle que nous la connaissons, arrive à sa fin. Elle aura servi jusqu'au bout. La combativité d'un Giscard, la présence d'une Simone Veil, la vertu d'un Delors restent des repères pour tous ceux qui croient à l'Europe, et connaissent les combats de son enfantement avec Monnet et Schuman, avec Churchill et de Gaulle, avec Adenauer et De Gasperi.

Pour sortir du marasme, les gouvernements des Vingt-sept ont proposé à douze personnalités, sous le nom de Comité des sages[1], de réfléchir à « l'avenir du projet européen ». Leur travail sera sûrement utile, mais l'attente est forte. Chacun doit s'emparer du sujet. L'Europe par tacite reconduction, c'est terminé.

Les partis politiques eux-mêmes ne portent plus l'Europe dans leur génétique. En France, la tradition animée longtemps par les démocrates chrétiens et leurs successeurs a perdu de sa vigueur. Le parti socialiste s'est cassé sur le référendum de 2005. La classe politique se méfie de l'Europe, sujet difficile, peu populaire, ésotérique. Un nid à embrouilles électorales. On a fini par se lasser des débats lancinants de spécialistes, de diplomates et de chroniqueurs sur l'élargissement et l'approfondissement, Europe des projets et Europe des institutions, Europe politique ou écono-

---

1. L'ancien Premier ministre Felipe Gonzalez préside ce comité où figurent aussi Nicole Notat, l'ex-secrétaire générale de la CFDT, Lech Walesa, l'ex-Président polonais, ou encore Richard Lambert, le directeur général de la CBI (patronat britannique).

mique, intégration et fédéralisme, Europe du noyau dur et des cercles concentriques…

Nicolas Sarkozy semble convaincu de l'urgence de frayer la voie d'une Europe populaire. La présidence française de 2008 a permis de marquer des points.

Il faut une mobilisation, dès maintenant, en 2009, parce que la mondialisation n'attend pas, parce que la crise économique et financière l'exige. Pour que l'Europe joue sans complexe sa partie dans la mondialisation, une relève des générations est nécessaire.

Les vieux habitués ont coutume de dire « l'Europe ne progresse que par crises successives ». Pour les crises maintenant on a bien vu. Il est temps désormais de passer au progrès, à la rupture, à un nouveau projet.

Pour cette raison, ce livre s'adresse en particulier aux jeunes, à ceux qui vont faire l'Europe des cinquante prochaines années. Quel autre avenir peut-on leur proposer que celui d'une Europe active et décomplexée, apportant une contribution renouvelée aux défis de la planète, elle-même symbole de diversité et de lien social ?

Les jeunes croient à l'Europe.

En 2005, les 18-30 ans qui ont voté non à 55 % au référendum sont à 27 % tout à fait favorables et à 51 % plutôt favorables « à la poursuite de la construction européenne »[1].

Dans un sondage pour *Capital* en août 2006, à la question : « À qui fais-tu le plus confiance pour améliorer la vie en France ? », les jeunes répondaient à 54 % aux citoyens, 34 %

---

1. Sondage Louis Harris pour *Libération,* juin 2005.

aux associations, 30 % à l'Europe et 14 % aux hommes politiques. Les deux mots les plus positifs pour eux étaient à 83 %, « travail » et 82 %, « Europe », devant le socialisme et la libéralisation renvoyés dos à dos à égalité (67 %).

Dans un sondage de février 2007 réalisé à la demande de la Commission, neuf jeunes Européens sur dix estiment que l'Europe représente pour eux la liberté de voyager, d'étudier et de travailler partout en Europe, et presque tous considèrent que cela sera encore plus facile dans les années qui viennent.

Travail, Europe, disent les jeunes : alors au travail pour l'Europe, que 2009 soit pour elle l'année du réveil, l'année des commencements.

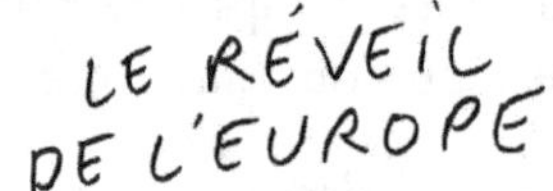

Partie I

BESOIN D'UNE VISION

Chapitre 1

L'EUROPE EST DANS LE VENT.
L'EUROPE
DESTIN
INSTITUTION
UNION
IDENTITÉ
CONSTITUTION
CHARTE
PAC
POLITIQUE
COMPÉTITIVITÉ
TRAITÉ
ANNEXES
MARCHE
EURO
PROTOCOLES
FRONTIERES
DÉCLARATIONS
COMMUNAUTÉ
LEGITIMITÉ
CONSTRUCTION
WOLINSKI

Lendemains de fête

« L'Europe, c'est l'ouverture, la solidarité et l'utopie. »

Luc, 25 ans, belge

Cela ne devait jamais marcher.

Le parti communiste français prophétisait en juillet 1957, par la voix de Jacques Duclos, « la mainmise des impérialistes allemands sur la petite Europe où triompherait une politique de régression sinon de réaction ». Le journal *Combat* dénonçait, à la même époque, le Traité de Rome « entreprise de technocrates dont aucun n'a pu définir en termes clairs ce que la France avait à gagner aux abandons qu'elle s'apprête à consentir » ! Et Pierre Mendès France avait voté contre la ratification du Traité parce qu'il y voyait « un libéralisme classique du xixe siècle » et la mainmise d'une « technocratie internationale », qui serait synonyme d'« abdication de la démocratie ».

Cela ne devait pas marcher d'abord parce que cela ne ressemblait à rien de connu. Et parce qu'on connaissait trop bien les Européens, leurs divisions, leurs fiertés nationales. « L'Europe ? Quel numéro de téléphone ? », raillait en 1970 Henry Kissinger. L'Europe, vue d'Amérique, c'était un puzzle déconcertant fait et défait par des guerres sans merci depuis des siècles : esprit de clocher, horizons limités, lignes Maginot en tout genre.

Prenez l'Espagne : ce pays longtemps étouffé par la dictature de Franco, ce pays à l'économie précaire et aux vacances à bas prix s'est démocratisé avec l'Europe. En 1999, l'Espagne faisait fièrement partie du premier groupe de pays à adopter l'euro, avec une des croissances les plus élevées d'Europe.

Tout occupés à nous interroger sur l'Europe de demain, nous avons perdu la mémoire de notre acquis : la réussite européenne est exceptionnelle, miraculeuse.

Et le miracle est d'autant plus remarquable que l'Europe, effectivement, ne ressemble à aucun modèle politique connu. Si les Américains viennent de Mars et les Européens de Vénus, comme le pense Robert Kagan, l'Europe est évidemment un ovni.

L'ovni européen

Unifier le marché européen : c'était l'ambition des pères fondateurs, et l'objectif du Traité de Rome, la pierre angulaire de notre Europe.

Ils voyaient bien que le morcellement de l'espace économique européen entravait l'expansion de ses entreprises : c'était une source de complications sans fins, de formalités administratives à chaque poste frontière… Derrière chaque formalité, un formulaire, pour chaque formulaire, des coûts : le temps de traitement, les délais d'attente, les efforts de mise en conformité. Sans parler de ces normes nationales si protectrices, comme la célèbre loi allemande de pureté de la bière qui interdisait qu'on utilise d'autres ingrédients que ceux strictement fixés par une loi de 1516. Faire l'union douanière, c'est-à-dire abandonner les barrières à l'entrée, était une nécessité évidente, mais inquiétante, ne serait-ce que symboliquement. La concurrence étrangère n'allait-elle pas laminer nos productions ? Les Français, comme d'autres, avaient eu la tentation du protectionnisme. De Gaulle pourtant sur ce point rejoignait Jean Monnet : l'Europe, disait-il, allait aider la France à tourner le dos au protectionnisme, cette sclérose économique. Avec un bénéfice au passage, puisque les Fran-

çais négocieront une politique d'aide à l'agriculture en
échange de la suppression des douanes. C'est ainsi qu'est née
la fameuse PAC, la Politique agricole commune, encore en
vigueur, qui a protégé au grand dam de nos voisins nos agri-
culteurs des décennies durant.

1958 : tout à coup, l'entreprise se voit pousser des ailes. La fin
des barrières douanières, c'est l'essor de la compétitivité et de
la capacité à agir. C'est l'émulation aussi. Il faut le dire, toutes
les grandes entreprises françaises ont su en bénéficier.

Cette liberté de circulation des marchandises n'était pas
suffisante, tant que perduraient des entraves à la circulation
des personnes : l'harmonisation des procédures concernant
les voyageurs est venue renforcer cet espace de liberté, de
sécurité et de justice que voulait être l'Europe. Les accords
de Schengen[1] contribuent activement au marché unique,
en éliminant les entraves et les coûts. L'ouverture des frontières aux travailleurs des huit nouveaux pays membres de
l'Est et du Nord de l'Europe est aujourd'hui (presque)
complète.

Un vrai débat démocratique

L'Europe, premier motif de confiance, a su faire et peaufiner son marché commun de 500 millions d'habitants, par
petites touches, au fil des traités.

Le mot « marché » n'a pas bonne presse ces temps-ci, et
c'est dommage.

---

1. L'espace Schengen regroupe 22 États membres de l'Union européenne
   et 3 États associés : l'Islande, la Norvège et la Suisse. Les accords de
   Schengen signés en 1985 ont été intégrés dans le Traité d'Amsterdam
   (1997).

L'Europe ne rougit pas d'avoir été d'abord un marché ; c'est un endroit propice après tout aux échanges et aux débats. À force de critiques, nous avons fini par nous persuader que le peuple européen regardait passer le train européen en étant muet et résigné. Rien de plus faux : le débat démocratique sur l'Europe est exceptionnellement riche ! Il y a eu de grands moments de débat, à l'échelle du continent, au moment de Maastricht, au moment de l'euro, du Traité constitutionnel. Un débat très large qui n'a rien laissé de l'Europe dans l'ombre. Un débat surtout qui s'est déroulé partout, au-delà des lieux institutionnels, des plateaux de télévision ou des conférences sélectes : combien de sujets de politique nationale ont suscité autant de prises de parole de simples particuliers, autant de tribunes, autant de billets, de blogs, de débats dans la rue ? Le déficit démocratique européen est un mythe ou une tromperie. Évidemment les résultats de ce débat ont parfois été douloureux, l'opinion majoritaire n'allant pas forcément dans le sens du vent européen. Mais de tout cela il est sorti quelque chose : les incompréhensions populaires ont été exprimées, les défauts de la machine européenne, son manque de lisibilité notamment, pointés publiquement. Et l'ampleur du débat montre que désormais l'Europe est incontournable.

À force d'entendre des attaques contre l'Europe comme marché, voire l'Europe des marchands, on a le sentiment d'avoir troqué notre bonne et belle culture pour un humanisme réduit à la consommation. Erreur double : nous étions citoyens et consommateurs nationaux, nous devenions citoyens nationaux et consommateurs européens – simplement la fenêtre s'ouvrait plus grande et nous respirions mieux.

Surtout, nous étions plus nombreux à comprendre qu'au fond de cette logique d'unification, il y a une idée qui va devenir un des moteurs de l'Europe : les solidarités.

Pas la solidarité, comme belle vertu théorique, mais des solidarités traduites dans des instruments concrets dont la Politique agricole commune donnait un exemple, et les fonds de solidarité un autre. Tels le Fonds social européen, déjà prévu dans le Traité de Rome et le Feder (le Fonds européen de développement régional créé après l'élargissement de l'Europe au Royaume-Uni, au Danemark et à l'Irlande en 1973)[1].

Par les solidarités, l'Europe dépassait l'organisation de nation à nation, le meccano institutionnel, en s'intéressant aux individus eux-mêmes, et aux territoires qui les portent. Marché ou pas, il y a des valeurs au fond du cabas européen.

À force de mettre en commun nos forces, notre marché, nos consommateurs, nous sommes devenus solidaires les uns des autres : rien qui n'affecte le voisin sans nous toucher aussi. À l'échelle de l'Europe, les mots d'import-export ont été rayés du vocabulaire. Et combien davantage depuis l'arrivée de l'euro.

1999, l'europhorie

Une monnaie unique ! *« Nous sommes nombreux sur cette terre à aspirer à des choses irréalisables »*, commentait, narquois, le

---

1. Voir aussi le Fonds de solidarité de l'Union européenne, créé en 2002, destiné à venir au secours des victimes de catastrophes naturelles ou le Fonds d'ajustement à la mondialisation, mis en place en 2005, pour les travailleurs qui perdent leur emploi du fait de délocalisations.

Prix Nobel d'économie Milton Friedman en 1996, soit trois ans avant l'introduction de l'euro. « Je crois qu'en quelques années au plus le système s'effondrera. Comme se sont effondrées toutes les tentatives semblables depuis cinquante ans »[1]. La monnaie unique, les Européens en parlaient depuis les années 1960 il est vrai. Mais comme d'une avancée utile, qui n'allait pas sans sacrifices. Soudain tout change. Nous sommes en 1999 : les entreprises ont négocié avec l'État l'introduction anticipée de kits en euros, et ce « monopoly » pour de vrai passionne les Européens, au point de leur faire oublier la peine qu'ils avaient à abandonner leurs vieux repères, la Semeuse, le vieux « nouveau franc »… Les premiers mois, chaque achat est une énigme qui mène à un pays. Les sceaux portugais transforment en trésors héraldiques la « ferraille » des porte-monnaie et l'on se perd en devinettes sur l'origine des cinquante-sept emblèmes nationaux qui ornent le revers des pièces. En 2007, la Slovénie ajoute la touche poétique d'un semeur d'étoiles, puis Malte sa fameuse croix. Et pendant que des collections se constituent, les Européens partagent un des premiers grands événements positifs et populaires de leur histoire.

Avec l'euro, une nouvelle frontière est tombée, pour la plus grande satisfaction des touristes qui ont oublié jusqu'à la notion de « change », de devises, la problématique des cartes qui passent ou pas, le souci de voyager avec du liquide… Jusqu'au moment où ils sortent de la zone euro et prennent conscience de leur privilège.

Ce privilège au quotidien se double d'un autre qui n'apparaît qu'en temps de crise. L'euro est devenu tout de suite une monnaie qui compte dans le monde, et un bouclier

---

1. *Géopolitique* n°53, printemps 1996.

pour les nations européennes : car la contrepartie des contraintes budgétaires (la fameuse barre des 3 % de déficit maximum autorisé), c'est la solidarité, qui bénéficie aux faibles… dont nous aurions pu être. La crise financière actuelle l'illustre impitoyablement : les Slovaques avaient beau redouter comme tout le monde l'inflation lors de leur passage à l'euro (1er janvier 2009), leurs craintes leur semblent aujourd'hui un luxe quand ils comparent le sort réservé aux monnaies de leurs voisins entre juillet et décembre 2008. Arrimée d'avance à l'euro, leur monnaie a bravé la tempête sans trembler, quand le zloty polonais perdait 30 % de sa valeur par rapport à l'euro, le forint hongrois 15 % et la couronne tchèque 12 %.

Même en Grande-Bretagne, la brutalité de la récession alimente un débat voire une contestation, du moins chez les dirigeants : et s'ils s'étaient trompés ? Et si le refus de l'euro était une erreur historique et ruineuse ?

Unis dans notre monnaie commune, il nous faut de plus fortes bourrasques pour nous faire plier.

Le tour de force européen

Disons-le tout net, depuis cinquante ans l'Europe a marqué des buts, avec la régularité des grands champions. Belle réussite, mais pas surnaturelle, vu l'application constante, obstinée même, que tant de brillants esprits y ont mise. Dans toute victoire il y a la marque du talent, un peu, et l'empreinte du travail, énormément. Quand de Gaulle parcourait, en mai 1968, la Roumanie, il disait : « Je sème des grains qui germeront dans vingt ou trente ans. » Après lui, tous les grands dirigeants des États moteurs de l'Europe mettront la même application entétée à faire l'Europe, ne serait-ce que parce qu'ils pressentaient qu'elle était leur rendez-vous avec l'Histoire. Giscard et Schmitt, Kohl et Mitterrand, aucun n'a lâché prise, même lorsque l'Histoire exigeait d'eux des décisions d'une force et d'un poids impressionnant. Intégrer à l'Europe occidentale riche et prospère les populations traumatisées et les économies exsangues de l'Europe de l'Est, réunifier l'Allemagne. Comme le fit l'Espagne de l'après-Franco, en se hissant au niveau des grands Européens, Hongrie, Tchéquie et les États baltes rattrapent les autres. Qui eut imaginé que l'élan de l'intégration allait permettre aux Tchèques et aux Slovaques d'atteindre en moins de dix ans un niveau de vie supérieur à celui des Portugais ?

Si l'Europe est un ticket d'accès aux livres d'histoire pour nos gouvernants, elle a aussi permis aux nations de retrouver un destin. Pas de pays d'Europe qui n'ait eu son projet national au sein de l'Europe. Pour l'Allemagne, l'Europe était le levier de la réunification : elle lui apportait le cadre de stabilité qui lui éviterait d'imploser sous le choc. Pour l'Autriche, le retour dans les Balkans. La France, elle, ne demandait rien, mais elle voit en l'Europe une chance de poursuivre son destin d'éclaireur des nations. Elle s'est impliquée dans l'Europe, explique Fernand Braudel, en se donnant un rôle messianique, mais elle n'avait pas de projet en propre, sauf restaurer par l'Europe sa grandeur passée. Ayant misé dans l'affaire sa fierté, elle s'exposait à de cuisantes douleurs si la cote de confiance de son champion venait à baisser.

Cinquante ans de réussites, mais nous avons des lendemains de fête difficiles. Déjà en 1997, nous avions digéré avec peine le Traité d'Amsterdam, mais la fièvre de l'euro avait masqué pour un temps les symptômes. Roulant sur la vitesse acquise, nous avons oublié l'inertie naturelle des choses, et des êtres humains. Tout cycliste sait que le ralentissement est le début du danger. Ralentissant, nous nous sommes mis à sentir monter le malaise et les doutes : et s'il fallait mettre pied à terre et faire une pause ? Pourtant, de toutes parts nos voisins nous observent et admirent ; on étudie cette machine jamais vue encore, on la présente en modèle aux pays qui rêvent de construire eux aussi une union régionale intégrée. Pourtant on commence à parler, comme Jeremy Rifkin, de « rêve européen », qui se substitue peu à peu à l'*American dream* d'antan. Pourtant, enfin, les pays candidats se pressent aux guichets de l'Union et acceptent de dures conditions pour obtenir la perspective d'une lointaine adhésion.

La puissance d'attraction de l'Union européenne en dit bien davantage sur sa force réelle que les états d'âme de ses habitants.

Donnons-nous plutôt un projet, et la route filera à nouveau toute droite.

Chapitre 2

Une construction illisible

*« Ah, c'est compliqué… Oui, l'Europe c'est compliqué.
C'est 27 chocs culturels qui essayent de former un ensemble. »*

Leonor, 23 ans, portugaise

Si l'on résume l'histoire récente de l'Europe, les moments où le citoyen a pu avoir le sentiment de comprendre ce qui se passait, et dans quel projet ses gouvernants l'emmenaient, se raréfient au fil du temps. Au bilan de la lisibilité, la Communauté du charbon et de l'acier (CECA), la Communauté économique (CEE), l'euro, l'Eurogroupe et la Banque centrale figurent au crédit. La PAC (Politique agricole commune) même est connue dans son ambition, même si son détail échappe au commun des mortels. Sinon, comme dit la chanson, « l'Europe va comprendre ! »

Les institutions européennes, en affinant leur technicité ont développé un vocabulaire spécifique, un jargon, à force de traductions et de négociations. Qu'est-ce que l'Europe produit de simple et lisible pour les citoyens ? Où est l'Europe populaire dans laquelle on se reconnaîtrait ? Même la lecture du Traité de Maastricht achoppe sur la compréhension du très symbolique système dit des trois piliers[1], sans compter que cette métaphore inspire modérément confiance à tous ceux que la prudence pousserait plutôt à donner quatre murs à leur maison.

---

1. On aura reconnu derrière cette image : les Communautés européennes, (« premier pilier »), la Politique européenne commune de sécurité et de défense (« deuxième pilier »), et la coopération policière et judiciaire (« troisième pilier »).

brazil@europa.eu.int

Multipliant les images comme pour compenser son caractère abstrait et en allant sur trop de terrains à la fois, notre Europe se présente trop souvent comme un système technocratique d'une grande complexité.

L'Europe est en effet cette nébuleuse où se rencontrent des « piliers » et des « paquets », des « clauses-passerelles », des livres blancs, des livres verts, beaucoup de *soft law* et même des *shadows rapporteurs*. On imagine que les experts hésitent parfois eux-mêmes devant l'éventail des modes d'échange et de coopération : optera-t-on pour un « trilogue informel » ou un « Hugues renforcé » ? À moins qu'il soit plus souple encore de se contenter d'un *non-paper*. Tout cela n'est pas dépourvu d'une certaine poésie, celle de Prévert, le populaire en moins. Les dirigeants européens ne manquent pas de volontarisme, mais l'épuisement du projet se lit aussi dans le vide des formules : les brochures bleues étoilées sont hérissées de titres d'un dynamisme crispé, « Europe des résultats, Europe des projets », etc.

En un hommage ambigu à la culture européenne, qui est d'abord une culture des grandes cités, les négociateurs ont aussi cru bon de baptiser les textes essentiels de la construction européenne d'appellations aussi éclairantes que « Traité de Maastricht », « Agenda de Lisbonne », « Traité d'Amsterdam », « Processus de Bologne », « compromis de Ioannina » et même « compromis de Fontainebleau »… : non seulement la lisibilité de ces dénominations est sujette à caution, même si on ne peut redouter l'épuisement rapide du réservoir des dénominations disponibles. Les fonctionnaires européens du reste sont conscients de l'aridité de leurs productions (ce n'est pas pour rien qu'on appelle cela de la littérature grise), et ne désespèrent pas d'y greffer un peu d'humanité. Timide essai, les noms de personnages de sitcom qui égayent les programmes d'aide aux PME ou de développement durable, le couple JERE-MIE et JESSICA[1] : pas plus lisible, mais tellement plus sympathique que les RAPEX et autres TAXUD[2] !

Tout cela semble du second degré : mais à quel degré comprendre les GOPE, les « lignes directrices intégrées pour la croissance et l'emploi » ou « la méthode ouverte de coordination »[3] ! Et bien d'autres fantaisies syntaxiques qui hésitent entre cadavre exquis et autres curiosités surréalistes qu'engendrent les traductions en cascade.

Comment en est-on arrivé là ? Sûrement pas par désir de créer un voile de fumée autour des activités secrètes des serviteurs de l'Europe. Bien au contraire : c'est parce que tous ceux qui œuvrent quotidiennement pour l'Europe sont condamnés à recourir aux programmes et aux procédures, orphelins qu'ils sont d'une vision ou d'un leadership politique qui oriente et hiérarchise leurs actions. Ils usent leurs forces et leur esprit à raffiner les instruments qu'on

---

1. JEREMIE est une excellente initiative conjointe de la Commission européenne et de la Banque européenne d'investissement en faveur de l'environnement financier des PME. JESSICA promeut le développement durable, la croissance et l'emploi dans les zones urbaines.
2. Respectivement : le système européen d'alerte rapide qui concerne la plupart des produits de consommation dangereux, et la Direction générale Fiscalité et Union douanière.
3. Les Grandes orientations de politique économique et les Lignes directrices pour l'emploi sont les principaux instruments politiques pour la mise en œuvre de la stratégie de Lisbonne. La méthode ouverte de coordination impose à chacun des vingt-sept États membres de rédiger son propre programme national de réforme et de le soumettre à ses partenaires.

leur met entre les mains sans leur en donner l'usage. Il se trouve à Bruxelles de grands professionnels : 28 000 fonctionnaires, y compris les 9 000 traducteurs, qui prennent sur eux pour faire tourner la machine quand même.

Ceux qui se plaignent du nombre de fonctionnaires se trompent donc de cible mais pas de sujet. Les fonctionnaires européens ne sont pas trop nombreux pour ce qu'ils font, ils font trop, et risquent de ne jamais y suffire. Il faudrait saluer plutôt leur capacité à résister à la terrifiante disparité des tâches dont on les accable.

La technocratie n'est pas inhérente au matériel génétique européen : c'est une maladie opportuniste qui profite de l'absence d'un influx politique fort pour pénétrer le corps européen. Car le progrès est conditionné par un projet : il faut retrouver un influx politique. Les fonctionnaires européens entretiennent la flamme de l'Europe avec une abnégation qui serait admirable si on n'en pressentait le caractère désespéré. Ils retrouveraient d'ailleurs dans un resserrement de leur champ d'action les conditions de leur propre pouvoir.

La directive Services dite « Bolkestein », qui est au fond un excellent texte, est d'une grande complexité ; et elle a tardé à sortir parce qu'elle avait été insuffisamment calée en amont. Cette fois c'est le Parlement européen qui a fait un gros travail pour rendre ce texte utilisable. Mais en règle générale, on se repose sur les fonctionnaires européens qui vont d'eux-mêmes retailler aux mesures des acteurs économiques un texte mal dégrossi par un leadership inexistant. Le gaspillage de temps et d'énergie est à la mesure de l'investissement humain, celui des fonctionnaires européens pris dans la boucle d'un système qui fonctionne sans vue précise. Et parce qu'aucune force ne saurait rester sans emploi, toutes les intelligences réunies à Bruxelles s'emploient, et comblent le vide du projet politique en développant outils et expertise, en poussant toujours plus loin les ramifications de la machine européenne. Peaufiner des outils en oubliant parfois qu'ils auront à servir, c'est créer des cadres contraignants pour demain. Que fera-t-on de ces carcans ?

Ici et là émergent bien des idées, des concepts (la « flexicurité » en est une illustration), des pistes opportunes ou séduisantes, qui accouchent de plaquettes et de programmes agités quelque temps par des comités, avant de se perdre dans les sables du consensus. « On n'est important que si l'on est utile » rappelait Jacques Delors.

Le génie européen a senti le danger de la complexité, et a cherché la parade. Il l'a naturellement trouvé aussitôt, ce serait : « Better Regulation », approximativement traduit en français par *Mieux légiférer*. Présentée par la Commission européenne comme un de ses axes essentiels, l'initiative « Better Regulation » est en quelque sorte l'antivirus de la législation européenne. Sa mission ? Repérer et nettoyer les projets devenus ingérables, programmes en roue libre et autres robinets ouverts. Mais à lire sa description le doute nous saisit : comme tous les antivirus, « Better Regulation » ressemble de façon troublante aux virus qu'il est censé éradiquer.

Comment ça marche ?

Entrons dans la salle des machines : si l'on devait résumer l'action récente de l'Europe depuis l'euro, on aboutirait à deux lignes directrices évidentes, les subventions et la réglementation. Il faut au citoyen un vrai talent de visionnaire pour imaginer construire avec ces briques-là un grand projet européen.

Comment en est-on arrivé là ? Régis Debray parle avec un juste piquant d'un jeu de découpage du projet européen : « dépeçage du marché en lobbies, en communautés ou en minorités »… À force de petits pas, d'émiettement, de volonté de ménager tout le monde, tout se vaut et rien ne surnage : il devient malséant de distinguer entre petits et grands sujets, comme entre petits et grands États… L'Europe se retrouve ainsi à travailler sur trop de thèmes (tous prioritaires) avec trop d'acteurs (tous majeurs). Comment avoir une politique lisible avec 61 projets prioritaires ?

L'attente des Européens est immense dans le contexte de la mondialisation et de la crise, comment fonder un contrat social avec les citoyens sur cette base ?

L'Europe n'a pas vocation à dupliquer toutes les fonctions de l'État. C'est un principe de bon sens qui conduit à la nécessité de limiter aussi les thèmes d'action. Sans vouloir sacraliser les pères fondateurs, on peut leur reconnaître ce mérite d'avoir su se concentrer sur des objectifs. La conciliation de la vie privée et de la vie professionnelle est certes un sujet majeur qui concerne chaque citoyen européen dans sa vie quotidienne. Mais il n'est pas certain que le levier de l'adhésion des foules à l'idée européenne soit à chercher dans la « Mise en œuvre des objectifs de Barcelone concernant les structures d'accueil pour les enfants en âge préscolaire »[1]. En tout cas, on ne déclenchera pas

---

1. Document publié en 2008 par la Commission européenne, COM (2008) 0638final.

l'essor de grands enthousiasmes en actionnant des centaines de tout petits leviers.

Une question fondamentale dans le système est celle de la subsidiarité, encore un gros mot propre à inquiéter les populations : il a beau venir d'Aristote et de saint Thomas, par le relais du droit allemand, le principe de subsidiarité est un concept faussement rassurant. Cette contribution du Traité de Maastricht au dictionnaire des concepts européens consiste à réserver uniquement à l'échelon supérieur ce que l'échelon inférieur ferait moins efficacement. Et encore, ce principe d'action ne concerne que les domaines de compétences partagées, et non ceux pour lesquels la Communauté est seule compétente, comme la PAC, ou ceux qui relèvent de la compétence exclusive des États.

La répartition des tâches entre Europe et nations ne devrait pas être régie par une règle de subsidiarité mais par un principe de priorité franc et positif : par définition, les nations font tout sauf ce qu'elles ont confié à l'Europe pour le faire mieux.

Illisible enfin, le débat institutionnel. Nous sommes enlisés depuis 1997 dans un cycle de négociation ouvert à Amsterdam. Les spécialistes de l'Europe s'accordent généralement sur l'idée d'une alternance des rythmes de la construction européenne, les moments d'expansion devant laisser place à ce qu'on appelle l'approfondissement, qui fait la part belle à l'institutionnel. Car ce qui fait avancer la construction ce n'est pas l'institution : c'est le projet. Avec les non au projet de Traité constitutionnel, le suffrage universel a fait exploser le volontarisme de façade et a demandé qu'on prenne acte de la panne du projet européen.

Le référendum : l'Europe en panne

Symbole par excellence de l'Europe illisible, le référendum sur le Traité constitutionnel aura eu valeur de symptôme, révélé à la lumière d'une erreur politique. Erreur, car on ne fait pas voter des statuts, on fait voter sur un projet. En France, en 1958, personne n'avait vraiment lu la Constitution, on votait parce qu'on avait confiance dans le Général qui se présentait avec un projet clair. Si les Français doutent, comme bien des Européens, c'est qu'ils sont nerveusement épuisés par des débats qu'ils pressentent sans fin, et dont l'abstraction donne le tournis. À défaut d'incarner suffisamment l'Europe et son projet, le Traité a illustré ses travers, et alimenté le fantasme d'une superstructure abstraite enserrant la vie des Européens dans un carcan désincarné.

On a dit aussi que l'échec du référendum était la conséquence de l'intégration d'une troisième partie[1] synthétisant l'action passée de l'Europe : la complexité de cette partie aurait saisi d'angoisse le citoyen européen, au point de lui faire renier son amour pour l'idée européenne. Et si les Européens n'avaient que trop bien compris ce que signifiait ce texte ? Non un contrat d'avenir, un projet, mais un bilan, comme si l'Europe n'avait plus qu'un passé dans le foisonnement de ses attributions.

Et pourtant nous avons envie d'Europe : mais c'est sur un autre terrain qu'elle est attendue, celui de la mondialisation.

Contrairement à ce qu'ont dit et répété les commentateurs, les Français ne se sont pas trompés de débat, et l'omniprésence des thèmes de la mondialisation parmi les pourfendeurs du Traité ne se réduit pas à l'éruption d'angoisses irrationnelles. Aux cercles d'Européens convaincus qui causaient, comme ils le font poliment entre eux, « structures », « institutions » et « fonctionnement », les Français ont rappelé un peu abruptement que l'Europe, ce n'est pas là que ça se passe. C'est sur le terrain de la mondialisation qu'elle est attendue, qu'elle a quelque chose à dire, qu'elle peut répondre aux préoccupations concrètes des gens et renouer avec l'adhésion des populations.

---

1. Le titre III du projet de Traité constitutionnel reprenait en un seul et volumineux ensemble tous les articles techniques des traités précédents. Ce qui était juridiquement nécessaire mais politiquement inintelligible.

Il y a urgence, car le militantisme européen est presque en état de mort clinique. Là encore le Traité constitutionnel s'est trompé de cible, en s'adressant à une opinion publique imaginée d'après ce qu'elle était il y a trente ans. Comme sur une photo de famille, quelque chose a bougé entre-temps : une nouvelle génération est née et il faut des relais pour les convaincre. Les médias étaient pour le oui mais les blogs contre. Les forces de l'euromilitantisme conquérant des débuts ne se sont pas présentées aux urnes, et il va falloir trouver comment parler à nos enfants.

Demain, un leadership pour l'Europe

Chaque fois qu'une passion périclite, on se demande ce qui s'est passé : d'où vient que cet élan qui était là, vivace et prodigue, se soit perdu sans qu'on s'en aperçoive ? Pour certains, l'élargissement a remplacé l'engagement personnalisé des premiers temps par une alliance de raison forcée par le destin. Bien sûr on se connaît mieux et on s'accorde plus facilement à six qu'à vingt-sept. Mais sortons de la nostalgie des premiers temps : a-t-on bien considéré quel chemin les vingt-sept ont parcouru avant de vivre ensemble ? Quelle victoire extraordinaire, que l'intégration de la Grèce après les Colonels, de l'Espagne après Franco, des pays d'Europe centrale bien sûr, après des décennies de communisme.

Ne faisons pas semblant de croire que les questions ne sont pas complexes quand on doit concilier vingt-sept desseins et vingt-sept histoires nationales : mais parfois ce sont les solutions qui sont inutilement complexes. Que peut-il sortir de simple et d'évident d'une Commission dotée de vingt-sept commissaires ? On se prend à considérer avec envie la sobriété de l'administration fédérale américaine : sept départements ministériels, pas un de plus, quel que soit le gouvernement. La vraie question est celle de l'organisation de l'exécutif, et du lien entre l'exécutif et le Parlement. C'est précisément parce que nous sommes nombreux qu'il nous faut un leadership. Sans vouloir faire injure au dynamisme et à la créativité des plus petits pays européens, il n'est pas sérieux d'imaginer qu'un tel leadership soit porté par d'autres que les grands pays, sous peine de marginalisation du projet lui-même.

Et puis la question du leadership est à double détente : nous avons besoin d'un leadership pour mener la barque européenne, mais aussi pour que l'Europe puisse elle-même avoir un leadership mondial. Elle en a les moyens, et la crise l'y contraint.

Il n'y a pas aujourd'hui de vision pour l'Europe, y compris sur ces grands sujets apparemment si évidents que sont l'énergie, les matières premières et l'économie.

L'Agenda de Lisbonne[1] aurait pu être la vision qui fait défaut à l'Europe. Il nous place d'emblée au cœur du réacteur, dans la construction européenne, avec un projet d'avenir : faire de l'Europe l'économie de la connaissance la plus avancée en 2010. Malgré la volonté de José Manuel Barroso, l'agenda a périclité, faute de préparation, de lisibilité et de méthode : quels sont les facteurs de croissance ? Quelles sont les compétences de la Commission à leur égard ? Rien n'ayant été défini, et faute de budget, cet heureux sursaut de la construction européenne est retombé dans l'ornière des petits pas. Chacun appréciera le caractère symbolique du résultat : la Commission se bornera à exercer une surveillance (monitoring) de ce que feront les États pour améliorer leur compétitivité en ces matières. La chute est lourde de l'élan au point d'impact avec la réalité, mais il n'est pas dit que l'Agenda soit perdu corps et biens.

Les Français se sont exprimés contre l'Europe parce qu'il n'y a pas assez d'Europe, notamment en politique économique. Ils voient bien que toutes les manettes ne sont plus à Paris, mais cherchent du regard la gouvernance économique européenne qui permettrait à l'Europe de

---

1. L'Agenda de Lisbonne est le programme adopté à l'unanimité par les quinze chefs d'États et de gouvernements européens réunis à Lisbonne en 2000. La direction était la bonne : « faire de l'Europe l'économie de la connaissance la plus compétitive du monde à l'horizon 2010 » ; mais les instruments manquaient : les programmes nationaux de réforme à mettre en œuvre étaient quasiment laissés à la seule discrétion des gouvernements nationaux.

donner toute sa puissance. Pourquoi, demandent-ils, l'Europe ne va-t-elle pas vraiment sur les grands sujets d'aujourd'hui, la mondialisation, l'énergie, la réponse collective à la crise, la refondation du capitalisme ? Et d'ailleurs ils constatent que dès que l'Europe se saisit d'un dossier majeur, comme ce fut le cas sur la lutte contre le changement climatique, elle est capable de montrer la voie au reste du monde.

L'Europe est une succession d'utopies concrètes. Définir des objectifs opérationnels permet de prêter moins le flanc à des débats de théologie politique que les arguties institutionnelles : on peut discuter sans fin de la compatibilité des nations et d'une entité supranationale, mais aucun souverainiste ne s'opposera à la réalisation d'une communauté européenne de l'énergie.

D'une vision renouvelée, seule, peut renaître un militantisme européen. Dans cette affaire, si les politiques hésitent à risquer leur popularité, les entreprises ont une marge et une volonté d'action. Elles vivent l'Europe, par nature et par ambition, et au quotidien : elles savent ce que ce projet-là apporte d'énergie et de potentialités. Il y a de la vie sur le vieux continent, parce qu'il y a de la diversité : dans tout écosystème la richesse et la productivité procèdent de la diversité, la capacité d'adaptation aussi.

LES OCCIDENTAUX ONT PERDU LE MONOPOLE DE L'HISTOIRE.

PENSEZ À L'AVENIR, MONSIEUR LE GÉANT EUROPÉEN. AU LIEU DE RUMINER LE PASSÉ.
WOLINSKI

Malaise dans la mondialisation

« L'Europe c'est un espace énorme et sans frontières, mais c'est aussi un monde incroyable de possibilités et d'opportunités. »

Katarina, 19 ans, slovaque

Le monde était à nous.

Depuis le xvᵉ siècle, l'Europe a tenu fermement les rênes du monde. Il y a eu la « découverte » et l'exploitation des Amériques, la colonisation, autant de moteurs de l'émergence de « l'économie-monde » européenne.

Et puis, à l'issue de deux guerres et de l'émergence des nouveaux acteurs de la modialisation, il s'est passé quelque chose d'irrémédiable : *« Les Occidentaux ont perdu le monopole de l'Histoire »*[1]. Il y avait de quoi alimenter un trouble dépressif à l'échelle européenne : quand on a mené une carrière triomphante pétrie de certitudes, toute remise en cause est difficile.

« Notre mondialisation » nous échappe et rebat les cartes du pouvoir. De nouveaux mots sont entrés au vocabulaire européen : déclin, pessimisme, humilité. Depuis, l'Europe a du mal à penser, et à savoir ce qu'elle doit faire d'elle-même.

L'Europe, un géant dépressif

« La mondialisation actuelle est le troisième acte d'une histoire commencée il y a un demi-millénaire. »[2] La première mon-

---

1. Hubert Védrine, Rapport sur la France et la mondialisation, 2007.
2. Daniel Cohen, La Mondialisation et ses ennemis, Grasset, 2004.

dialisation issue des grandes découvertes et de la première colonisation n'était pas encore notre « économie mondiale », mais un espace économique hiérarchisé et compartimenté par les zones d'influence des différentes nations. En 1800 l'Europe et les colonies américaines contrôlent politiquement un tiers de la planète, et même les quatre cinquièmes à l'orée de la Première Guerre mondiale.

Absorbées par leurs rivalités politique et économique, les nations européennes n'ont pas vraiment réalisé qu'elles avaient inventé ensemble la mondialisation, étendant sur tous les continents les menées de leurs entreprises et de leur diplomatie. Ainsi l'Europe des temps modernes a vécu comme si le vaste monde était un réservoir inépuisable d'où arrivaient les accessoires et les merveilles d'une vie toujours plus aisée.

Au xxe siècle le scénario s'est un brin compliqué, on parle de globalisation pour marquer un phénomène nouveau, la recomposition des chaînes de production et leur dissémination sur le globe en fonction des avantages comparatifs des pays. Ajoutée à la globalisation financière et à l'essor des multinationales, cette mondialisation nouveau style donne des frissons aux États-nations, qui se sentent dépossédés de leur autorité économique. Pire encore, les acteurs principaux de la mondialisation ont vieilli, et regardent avec inquiétude la gloire naissante des étoiles montantes.

Le choc des croissances

Le thème du déclin a commencé à pénétrer plus massivement les cerveaux européens lorsque le mal a touché le système nerveux de l'Europe, son économie. Subitement on s'est rendu compte qu'on ne pouvait plus parler de pays sous-développés, ni même en voie de développement… On chercha à les renommer, parlant de « Tigres » asiatiques, de nouveaux pays industrialisés (NPI), ou plus récemment des « BRIC » (Brésil, Russie, Inde, Chine), comme pour reprendre un peu la main sur cette réalité dérangeante, l'apparition de nouvelles puissances à l'Est, au Sud.

À force de favoriser le développement de ces pays on avait fini par perdre le contrôle du système, et on voyait émerger des acteurs économiques majeurs, au pouvoir d'autant plus inquiétant qu'ils ne s'embarrassent pas des règles auxquelles nous nous contraignons. La forte inquiétude qu'a suscitée la fin des quotas dans le secteur du textile l'a montré (en 2005, et 2008 pour les textiles chinois) : comment lutter contre des gens qui ne respectent rien, demandaient les travailleurs ? Comment coûter moins cher qu'un enfant ou un prisonnier chinois ? Ce n'est pas par hasard si les inconvénients attribués par les Français au marché unique concernent le marché de l'emploi et le coût de la vie (l'inflation associée au passage à l'euro)[1]. Nous savions que notre modèle social, l'édifice protecteur de nos droits, nous coûtait cher, mais c'était un choix de société, conforme aux valeurs européennes : mais si, aujourd'hui, il servait de cheval de Troie à des concurrents moins regardants ?

L'Europe sait qu'elle perd du terrain. Elle voit bien que le marché unique, même s'il reste protecteur, joue moins son rôle qu'avant, que son efficacité s'est amortie avec le temps. Surtout, elle est fragilisée dans ses valeurs : elle craint que ce qui faisait sa force, son projet collectif, ne

____

1. Sondage réalisé pour Touteleurope.fr et l'Institut de l'Europe d'HEC, février 2008.

corresponde plus aux nécessités du temps, celles d'une guerre économique sans précédent. Tout un imaginaire se développe dans l'opinion européenne, celui de la fin d'une civilisation débordée par les menées des barbares.

Le mot d'imaginaire n'est pas de trop : si les tendances sont préoccupantes, la situation objective actuelle reste bien meilleure qu'on ne le croit. L'Europe croit être tombée de haut, mais elle est loin d'être à terre avec le premier PNB mondial, devant les États-Unis. Le PNB de l'Allemagne à elle seule fait jeu égal avec celui de la Chine, et l'Inde ne dépasse pas l'Espagne. Prenons l'industrie, où nous croyons avoir perdu la bataille : en 2006, l'industrie de l'Union européenne représentait un poids relatif dans l'économie de 20,3 % de la valeur ajoutée. C'est plus qu'aux États-Unis : 16,9 %. Tant mieux si ce blues passager sort l'Europe de l'engourdissement qui menace toujours les acteurs en position dominante. Elle n'en sera que plus vigilante. Mais céder à la panique serait absurde : la mondialisation n'a pas été pour nous un péril, et les nouveaux défis auxquels elle nous expose sont aussi des opportunités. Même la différence des coûts de main-d'œuvre ne signe pas forcément l'acte de mort de nos industries : après tout, l'Allemagne est le pays qui a su le mieux tirer parti de la mondialisation, en s'adaptant aux nouveaux marchés. Que serait notre croissance sans l'essor des puissances émergentes (Brésil, Russie, Inde, Chine) ? Beaucoup de nos grands groupes l'ont compris, les équipementiers évidemment, mais aussi des PME désireuses de toucher les marchés de ces pays et qui font de beaux parcours.

José Manuel Barroso, le président de la Commission européenne, invité de l'Université d'été du Medef en 2006, s'inquiétait du décalage entre la perception publique et les faits. Il rappelait à juste titre que la France participait à la mondialisation, et depuis longtemps. À la veille de la Première Guerre mondiale, notre pays exportait déjà 17 % de son produit intérieur brut. Aujourd'hui, nos échanges internationaux de biens et de services représentent 26 % de notre PIB, bien plus que les 13 % des États-Unis. Bref, concluait-il, « on peut se demander si la France ne ferait pas de la mondialisation comme les autres parlent en prose sans le savoir ».

Le sentiment de déclin des Européens est sans doute accentué par la panne de la croissance. Depuis dix ans, la croissance européenne a cédé en moyenne 1 à 1,5 point à celle des Américains, pour ne rien dire des nouvelles puissances. Et encore s'agit-il d'une moyenne tirée vers le haut par le dynamisme des nouveaux pays membres. Il nous sera difficile d'aller chercher le point de croissance en plus tant que nous ne saurons pas où nous l'avons perdu. Or, sur ce point, pas de consensus. On évoque souvent la complexité et la lourdeur des réglementations, la fiscalité, mais au fond, un faisceau de présomptions n'a jamais fait une preuve.

La grève des berceaux

Si l'Europe s'inquiète tant de sa croissance, si elle doute de ses forces, c'est aussi qu'elle s'interroge sur sa force vitale, sa démographie. Depuis que Donald Rumsfeld, secrétaire d'État américain à la Défense, s'en est pris à l'inertie de la «Vieille Europe » (qui refusait l'aventure irakienne), les pays de l'Union sentent le poids des ans. Même le journal *Le Monde* s'est saisi de l'expression pour désigner sa rubrique d'archives concernant l'Europe de l'Ouest. L'Européen moyen a 39 ans, c'est un homme mûr par rapport à la population mondiale, 28 ans en moyenne.

Alors, vieillie, finie, l'Europe ? Il est indéniable que la prestigieuse histoire européenne pèse sur sa capacité à s'inventer un avenir. Mais notre démographie frileuse surtout risque de freiner notre élan. Les Occidentaux (Europe, États-Unis, Japon) ne représentent actuellement que 18 % de la population mondiale. En Europe (mais aussi en Russie), les perspectives sont sombres : avec 1,4 enfant par femme, nous sommes nettement en deçà du seuil de renouvellement démographique $(2,1)$[1]. Avec une telle fécondité, les Européens actuels seront moins nombreux en 2030 (468 millions) qu'en 2025, malgré l'apport de l'immigration… Traduction économique : presque un point de produit national brut en moins[2]. Ces préoccupations natalistes peuvent paraître démodées, mais les faits sont là, on n'a jamais vu dans l'histoire une croissance économique sans berceaux. On relèvera que les nouveaux pays membres sont loin d'être les plus féconds, bien au contraire ; avec 0,8 enfant par femme dans les Länder issus de l'ex-RDA, l'Est peut difficilement prétendre être l'homme jeune de l'Europe. La Bulgarie, la Roumanie, perdront respectivement 21 et 11 % de leur population à l'horizon 2030. L'Inde et la Chine, par comparaison, croissent à un rythme de 7 à 10 % par an, ce qui représente pour le sous-continent indien 18 millions d'âmes supplémentaires chaque année. Le compte est vite fait : malgré

---

1. Consolation pour la France : elle est un des deux seuls pays d'Europe à atteindre ce taux, avec l'Irlande.
2. Ce scénario est analysé dans le Livre vert de la Commission. *Face aux changements démographiques, une nouvelle solidarité entre les générations*, 2005.

un net ralentissement, Inde et Chine représenteront dès 2030 près de 3 milliards à elles seules (sur 8 milliards de terriens)[1].

L'Europe vieillit, elle vieillit plus vite que le reste du monde, et va devoir se concentrer sur ce qu'elle abrite de jeunesse et de créativité. Après tout, peu importe que l'Europe soit jeune ou vieille : le « Nouveau Monde » lui-même ne l'est plus tant que cela, et à tout prendre l'aventure de l'Union européenne en est, elle, à ses commencements glorieux. Comme disait le maréchal Foch, dans toute guerre, « c'est celui qui doute qui est perdu ».

Le choc des échanges extérieurs

Les quatre milliards d'humains qui se sont invités d'un coup dans le jeu économique mondial ont mis fin à une logique d'échanges post-coloniaux, où les uns cédaient des matières premières et achetaient les produits manufacturés produits par les autres. Désormais, les nouveaux pays industrialisés viennent nous concurrencer jusque sur des gammes de produits sophistiqués, ou dans les flux d'investissements directs étrangers : l'irruption des pays émergents, en premier lieu de l'Asie, dans les investissements internationaux a réduit la part relative de l'Europe, notamment en Afrique, au Maghreb.

L'état des balances extérieures, surtout, est un signe préoccupant pour les nations européennes. Hormis l'Allemagne, qui a su gérer ses coûts de main-d'œuvre et dont les PME ont

---

1. On a beaucoup discouru sur l'Asie, mais c'est en Afrique et au Moyen-Orient que se trouvent désormais les bombes démographiques : leur population va doubler d'ici 2030, sans décollage économique correspondant.

opté pour une stratégie industrielle offensive, les balances sont déficitaires : or la différence entre ce qu'on achète et ce qu'on vend est la plus exacte mesure qui soit de la prospérité. Où va l'Europe ? Au fond ce sujet crucial est victime du syndrome du Triangle des Bermudes : la balance des échanges n'ayant pas d'impact sur la monnaie, l'Union européenne ne s'en préoccupe guère, et pas davantage l'Eurogroupe. Qu'elle ait en revanche un impact, voire un rôle structurant, sur la gouvernance économique mondiale devrait pourtant attirer l'attention : car derrière ces questions qui peuvent sembler techniques, apparaissent des enjeux vitaux, susceptibles d'orienter les esprits vers la guerre ou la paix.

Ce n'est pas par hasard que les structures du commerce mondial ont été placées au cœur du projet de reconstruction après la Seconde Guerre mondiale, avec la création du GATT, ancêtre de l'Organisation mondiale du Commerce, les coopérations économiques, l'OCDE, les accords de Bretton Woods. Bretton Woods a été porté en terre depuis longtemps, et l'OMC donne des signes évidents d'épuisement, en dépit des efforts de son directeur général le Français Pascal Lamy. Initialement conçue pour traiter des problèmes douaniers, elle n'a pas les outils pour affronter des questions plus complexes, les normes environnementales, les droits sociaux et les droits de l'homme. En dehors de maigres efforts de coopération financière dans le cadre du G8 ou du FMI, et peut-être demain d'un G20[1],

---

1. G8, réunion des huit grandes puissances du monde, c'est-à-dire les États-Unis, le Japon, l'Allemagne, le Royaume-Uni, la France, l'Italie, le Canada et la Russie qui s'est élargie en G20 en novembre 2008 et avril 2009 à l'Afrique du Sud, l'Arabie Saoudite, l'Argentine, l'Australie, le Brésil, le Canada, la Chine, la Corée du Sud, l'Inde, l'Indonésie, le Mexique, la Russie et la Turquie. L'Union européenne y participe.

l'absence de structures en surplomb capables d'arbitrer les échanges mondiaux se fait cruellement sentir. Les nouveaux équilibres mondiaux sont en train de faire exploser le corset des institutions d'après-guerre, et dans cette zone de turbulences, et plus que jamais en cette période de crise, l'espace de solidarités que constitue l'Europe est un atout.

Pourtant l'Europe peut avoir un autre rôle que défensif et protecteur : c'est en tout cas sur ce terrain que l'attendent les citoyens européens. Que fait l'Europe, demandent-ils ? Pourquoi ne se saisit-elle pas de ces questions ? Pourquoi ne participerait-elle pas à la définition de nouvelles formes de gouvernance ? Elle a la légitimité pour assumer un tel leadership, plus encore que les États-Unis, fragilisés par leurs errements économiques et financiers.

En quel sens ? Certainement pas pour encourager un protectionnisme inefficace et contraire à son patrimoine génétique. L'Union européenne a la concurrence dans le sang et c'est sa force. En revanche, si certains évoquent les vieilles recettes protectionnistes, c'est par conviction que l'Europe est allée trop loin dans l'ouverture, que l'échange est inégal face à des concurrents (américains) qui subventionnent leurs exportations ou imposent des droits de douane prohibitifs, ou d'autres (Chine) qui manipulent leur monnaie. On ne peut pas tout accepter. La condition d'un échange loyal, c'est la réciprocité.

Sur ces grands enjeux de la mondialisation, l'Europe est restée trop discrète : elle s'est fait entendre à l'automne 2008, au plus dur de la crise financière, avec un certain leadership. Début 2009, elle est redevenue silencieuse. La mesquinerie du budget européen est un élément de cette faiblesse : même si le budget n'est pas un outil essentiel dans la lutte économique, il a valeur emblématique. Il représente 1,045 % du PNB européen. Emblématique aussi, l'obsession de bien des pays membres à obtenir un retour sur investissement, à due proportion de leur participation au budget communautaire[1]. Ou comment dévoyer une démarche collective…

Le peu de ressources que les Européens acceptent de mettre en commun serait plus efficace s'il était mieux orienté. Le budget a commencé à être déployé vers la compétitivité (43 %), tout en maintenant un effort élevé sur l'agriculture et la solidarité. La solidarité est au cœur du projet européen, et l'agriculture est un vrai sujet stratégique, si l'on considère la sécurité ou l'indépendance alimentaire. Pourtant, le monde évolue à un rythme rapide, et les Européens, comme les entreprises d'Europe, attendent des actions plus offensives, moins tournées aussi vers la préservation des équilibres du passé. En cette période de difficultés budgétaires pour tous, c'est en priorité vers les dépenses d'avenir, innovations, investissements, formations, que doivent être redéployés les crédits européens.

---

1. Selon la célèbre formule de Margaret Thatcher : « *I want my money back* ».

Chapitre 4

L'EUROPE, C'EST LA PORTE OUVERTE À N'IMPORTE QUOI !
MAIS LA PORTE OUVERTE À N'IMPORTE QUOI, C'EST ÇA LE PROGRÈS !
WOLINSKI

La jachère des valeurs

« L'Europe, c'est une histoire commune, des valeurs et un héritage culturel communs ; et surtout c'est une communauté de destin qui promeut la diversité comme une richesse. »

Jorge, 22 ans, franco-portugais

Que voulons-nous faire ensemble ? Question abrupte, question essentielle pourtant. Lorsque Angela Merkel a pris la présidence tournante de l'Union européenne, elle a commencé par créer un atelier de réflexion sur le thème de « der europäische Geist », l'esprit de l'Europe. Indépendamment des résultats, le questionnement lui-même avait valeur de symbole : nous étions en 2007, les équilibres sur lesquels l'Europe vivait jusqu'à l'effondrement du mur de Berlin ne semblaient remplacés par aucun nouveau système lisible. Comment positionner l'Europe, sortie de la tenaille de la guerre froide ? Quel nouveau système allait régir les relations entre grandes puissances, et définir la place de l'Europe sur la scène internationale ? La réponse de la présidence allemande partait d'une conviction, celle de l'existence d'un patrimoine commun européen susceptible de nourrir et d'orienter son action : une histoire, des valeurs.

Les systèmes européens, une histoire commune

L'idée que les Européens partagent finalement la même histoire ne va pas de soi : c'est tout récemment seulement qu'on a pu éditer, après quatre ans d'efforts, un premier manuel d'histoire franco-allemand[1]. Jusqu'ici, on disposait d'histoires des relations internationales, qui se contentaient

---

1. Histoire/Geschichte, Ernst Klett Verlag et Éditions Nathan, 2006.

d'étudier les points de contact, points de friction souvent, entre pays. Mais dégager une vision commune d'une histoire partagée va bien au-delà, c'est presque d'une thérapie qu'il s'agit. Pour une raison simple : nous sommes encore les enfants d'un xixe siècle, siècle des nationalismes, qui a nationalisé l'histoire de l'Europe, avec ses grandes et ses mesquines figures changeant de masque une fois la frontière passée. Le gracieux François Ier, figure du génie français, devient un bellâtre falot en Belgique, qu'on oppose des deux côtés du quiévrain pour des raisons différentes à l'austère Charles Quint, figure sinistre pour les uns, d'une majestueuse gravité pour les autres. On comprend les difficultés de la Banque centrale européenne à trouver des grandes figures européennes consensuelles pour illustrer les billets en euros ! Faute de vision historique européenne, on dut se replier sur de prudents motifs architecturaux dilués dans l'abstraction.

L'Europe, c'est une vieille histoire : depuis Charlemagne et les Carolingiens, rien d'important ne se passe dans un de nos pays sans que nos voisins n'en soient touchés. Les Européens ont l'habitude de vivre ensemble : à partir des Lumières, les jeunes de bonne famille font leur voyage de formation en Europe, et avant même l'avènement de la grande presse les idées circulent par les correspondances d'écrivains d'une capitale à l'autre. Les arts et lettres sont totalement européens : l'art cistercien, le baroque, les Lumières, le Romantisme se sont nourris d'échanges européens, et des personnages mythiques, Don Juan par exemple, ont pris souche successivement et par ricochets en Espagne, en France, en Allemagne, en Russie, là populaire, ici raisonneur libertin, ailleurs encore romantique.

Les arbres généalogiques des familles régnantes sont si emmêlés que l'hémophilie de la reine Victoria s'est transmise jusque dans la noblesse russe. Les hommes circulent, les techniques se diffusent, les idées s'échangent : les événements du continent sont d'essence européenne. Rien de tel à l'époque de la Rome antique, unifiée et méditérranéenne. L'Europe commence à exister comme système d'interdépendance avec les Carolingiens, et au Moyen Âge, à l'époque où elle s'appelait la chrétienté. Le mot-clef de l'histoire européenne, c'est celui de système, c'est-à-dire un jeu d'interactions momentanément stabilisées par l'équilibre des forces en tension. Qu'un empire s'effondre, qu'un pays prenne l'ascendant, et tout le système vole en éclats, jusqu'à trouver une nouvelle configuration qui stabilise les relations entre États en attendant la crise suivante.

On pourrait parcourir au galop l'histoire de l'Europe pour retrouver la succession de ces systèmes : celui qui marque la naissance de l'Europe politique moderne nous intéresse davantage, car il met en place des logiques politiques qui passeront les siècles. Au sortir du dernier conflit européen, la terrible guerre de Trente ans, la paix de Westphalie (1648) inaugure un système durable, sur deux principes promis à un bel avenir, la souveraineté des États (d'où sortiront les États-nations), et la tolérance d'État, c'est-à-dire la liberté de conscience. Lorsque Voltaire fera l'apologie de la tolérance comme principe politique, c'est l'apaisement procuré par le système westphalien qu'il donnera en référence, relevant que *« l'Allemagne serait un désert couvert des ossements des catholiques, évangéliques, réformés, anabaptistes, égorgés les uns par les autres, si la paix de Westphalie n'avait pas procuré enfin la liberté de conscience »*[1]. Il faut dire que de l'Allemagne elle-même il n'est pas resté grand-chose malgré tout : elle explose en 350

---

1. Dans son *Traité sur la tolérance*, 1763.

micro-États à partir de cette date. Voilà une nécessité interne des systèmes européens, jusqu'à l'Union européenne : les équilibres n'y ont jamais été trouvés que par l'affaiblissement d'un des grands pays. En clair, et contre les angoisses des « souverainistes », l'Union européenne est donc le premier système européen à préserver l'intégrité de tous les États-nations d'Europe.

Les Nations dans l'Europe : l'ennemi intime ?

C'est qu'on oppose peut-être un peu vite, et pas sans arrière-pensées, Nation et Europe : pourtant, même durant la période des nationalismes, où les nations en formation se hérissent les unes contre les autres, se heurtent et s'affrontent, cette lutte les rapproche en les forçant à se connaître. Rien de tel qu'une bonne mêlée pour découvrir ses partenaires.

La Révolution française a inauguré un nouveau système européen avec pour clef de voûte la souveraineté du peuple. « De ce jour et de ce lieu date une ère nouvelle de l'histoire du monde », dit Goethe. Ce jour-là, le 20 septembre 1792, est dans notre mémoire un lieu : c'est Valmy, bataille remportée par les révolutionnaires unis aux cris de « Vive la Nation ». Deux jours après est proclamé l'an I de la République, et l'onde de choc révolutionnaire va bouleverser l'Europe. Paradoxalement, la Révolution, puis Napoléon, poussent les feux de l'esprit national, accélérant la constitution des Nations… avec ce résultat de repousser pour longtemps la chimère d'une constitution de l'Europe. C'est le Congrès de Vienne, en 1815, qui consacre le nouveau système et entérine malgré lui la progression des nationalismes, pour un siècle, jusqu'à la Première

Guerre mondiale. À Versailles, en 1918, l'affaiblissement de l'Allemagne organisera une fois encore un nouvel équilibre européen ; et une fois encore, le deuxième système européen à avoir été porté par des volontés françaises va faire naufrage, dans le chaos de la Seconde Guerre mondiale. Des échecs qui orienteront peut-être plus tard le positionnement de la France dans l'Union européenne, son ambition d'y retrouver une influence sur le destin du monde.

Dans ces systèmes successifs, les nations se sont affirmées, ni bonnes ni mauvaises. Le sentiment national même n'est pas mauvais en soi, s'il peut cristalliser un système. Et le nationalisme enterré, les nations demeurent.

Après la guerre en tout cas, le nationalisme est à terre, et la guerre froide fait planer bien des menaces. Comment s'organiser dans le nouveau système d'une Europe coupée en deux ? C'est de là que sortira l'Union européenne, davantage que de la volonté de « pacification » de la légende dorée de l'Union. La grande préoccupation des dirigeants est de faire émerger un nouveau système permettant à l'Europe de fonctionner avant que les Américains ne s'emparent du leadership, et de s'organiser face à la menace soviétique… quitte à y sacrifier l'Allemagne encore. Car le jeu se joue sur deux terrains, économique, et stratégique. Notre Europe sera forgée dans cette matrice complexe de l'après-guerre.

Le fil rouge des intérêts de défense

Quel que soit le système adopté par les États européens, les intérêts de défense en sont toujours le point névralgique. Le système doit répondre à trois questions : quels équilibres, quelles menaces internes, quels dangers externes ? En 1948 l'angoisse est incarnée par les Soviets, et le système à venir doit être un système de défense Est/Ouest. L'Organisation du

Traité de l'Atlantique Nord, l'Otan, est la réponse commune apportée avec les États-Unis en 1949. Pour la première fois, l'Europe fonde son système en appuyant sa défense en dehors d'elle. Elle n'a ni capacité de choix ni autonomie et en tire donc les conséquences. Pour tout dire, elle ne s'y résigne pas entièrement : elle essaye de créer une communauté européenne de défense. L'Assemblée nationale française repoussera le Traité instituant la CED le 30 août 1954. Cet échec ancre durablement l'idée qu'il n'y a plus de défense possible hors les États-Unis… une évidence encore très forte dans les pays de l'Est marqués par l'occupation soviétique.

« The initiative, I think, must come from Europe »[1]

Les Européens se sont finalement montrés pragmatiques, et sont allés forger l'Europe sur d'autres terrains, en découplant l'économique et le stratégique.

Car si elle ne sort pas du pacifisme, l'Europe sort du Plan Marshall : Jean Monnet était d'ailleurs négociateur de l'aide américaine pour le compte du gouvernement provisoire français. Deux visions européennes coexistent alors, une coordination technologique (Euratom[2]), un marché économique. Après 1957, encouragée par le succès de la CECA, l'Europe va opter pour la communauté économique. Donc un système complexe, contraint par des enjeux stratégiques.

Faire l'Europe nous a permis de sortir des nationalismes, mais nous en avons mal acté les conséquences. Nous avons fait

---

1. George Marshall, annonce du 5 juin 1947.
2. Euratom, créé en 1958, coordonne les programmes de défense sur l'énergie nucléaire, mais sa mise en œuvre buta sur les intérêts nationaux, notamment français. Il en reste une utile législation en matière de sécurité nucléaire.

consciemment ou inconsciemment comme si l'Europe remplaçait la nation. Pourtant les nations sont au contraire de plus en plus vivantes : la vraie question est de savoir si on s'allie ou pas entre nations dans le cadre européen, et si l'alliance fragilise ou renforce la nation. Pour Renan, l'affaire est entendue, l'accord économique ne forge pas une nation, qui est appartenance et non contrat[1] : « Les intérêts, cependant, suffisent-ils à faire une nation ? Je ne le crois pas. […] un Zollverein n'est pas une patrie ». Mais comme dans l'inconscient européen trotte cette idée que la nation allemande a fait son union par le Zollverein, l'accord commercial et douanier, on comprend l'inquiétude des Nations, et des souverainistes.

Il faut déstresser les nations : l'Europe est traversée par une histoire, une culture, des valeurs communes, mais elle ne sera jamais la 28e nation.

L'Europe des valeurs

Sur ce terreau des systèmes européens, bien des idées, bien des pensées, bien des valeurs ont poussé, dont les graines ont volé dans tous les pays. Certaines sont vivaces et peuvent contribuer à fonder le projet européen. D'autres sont la lumière noire de l'Europe, la face sombre de notre histoire : l'esclavage qui a soutenu les menées colonisatrices, la boucherie de Verdun, l'ignominie de la Shoah. Cela nous ne l'oublierons jamais, mais sur cela rien ne peut être fondé.

Après 500 ans durant lesquels l'Europe a tenu la bride des affaires du monde, qu'a-t-elle à proposer au monde ? D'une histoire familiale mouvementée, elle a reçu deux legs féconds : les valeurs du progrès et de la dignité humaine.

---

1. Ernest Renan, *Qu'est-ce qu'une nation ?*, 1882.

Le progrès d'abord. L'esprit des grandes découvertes, le positivisme, la croissance, l'évolution technologique, les théories des physiocrates et des saint-simoniens qui ont couvert le monde de leurs projets, du percement du canal de Suez aux traités de libre-échange : autant d'actions et de valeurs portées à travers le monde par une Europe qui ne doutait alors de rien et surtout pas de sa valeur.

Depuis Malthus jusqu'au Club de Rome, il n'a jamais manqué de critiques du progrès, d'alertes à la surchauffe, d'appels à la décroissance. Dès la fin du xixe siècle on répète que ces valeurs sont ébranlées, que la foi dans le progrès n'est plus ce qu'elle était. Dans la crise actuelle, l'attaque est d'importance, elle pose des questions justes, mais elle se trompe de solutions. Sans doute, nous n'avons plus la naïveté de croire que le progrès technique est le porteur exclusif de progrès sociaux. Mais serait-on si sensible au discours de décroissance, s'il ne faisait pas écho au sentiment lancinant des Européens d'avoir perdu la main sur le destin du monde ? Touchés par l'angoisse de la relégation nos concitoyens décroissants préfèrent se retirer du jeu.

Pourtant le jeu continue, et nous y avons des atouts. Après un siècle effréné d'innovations technologiques, nous vivons cette expérience inouïe de la révolution numérique : nos modes de pensée, nos outils, nos moyens d'action, c'est toute notre vie qui se trouve remodelée, avec une puissance d'action décuplée ; à qui fera-t-on croire que la valeur de progrès ne dit plus rien aux Européens ? Nos entreprises sont en train de réorganiser leurs modes de production, de conception, leur marketing aussi, autour du concept de développement durable : voilà une idée, jeune mais puissante, qui renoue avec le moteur même du progrès, penser le futur dans le présent. Une idée que les angoisses de la crise économique et financière ne doivent pas stériliser. Voilà le programme d'une Europe retrouvant sa valeur de progrès, non pour la célébrer béatement, mais pour y prendre l'élan de l'avenir.

Le progrès n'est peut-être plus ce qu'il était, mais vous aimerez ce qu'il va devenir. Nous avons connu le progrès boulimique, qui ne regardait pas à la dépense : l'Europe est en pointe pour définir un nouveau modèle de progrès, réconcilier les hommes avec la planète. Ce progrès nouveau modèle est au cœur de l'Agenda de Lisbonne, le texte qui de toutes les productions européennes ressemble le plus à une vision pour l'avenir. Que disaient les chefs de gouvernement en 2000 ? Qu'il fallait faire de l'Europe, à l'horizon 2010, « l'économie de la connaissance la plus compétitive et la plus dynamique du monde, capable d'une croissance économique durable accompagnée d'une amélioration quantitative et qualitative de l'emploi et d'une plus grande cohésion sociale ». « Ready for the future. Vivement l'avenir ! » C'est ce que les représentants mondiaux des entrepreneurs, réunis à Paris par Laurence Parisot, en décembre 2008, ont réaffirmé[1].

---

1. Sommet patronal du G8 Business : Japon (Keidanren), Canada (Canadian Chamber of Commerce), Allemagne (BDI), France (Medef), Italie (Confindustria), Royaume-Uni (CBI), États-Unis (US Chamber of Commerce et US Chamber of International Business), et Russie (Russian Union of Industrialists and Entrepreneurs). Ce sont les entreprises, et seulement les entreprises, qui ont la capacité de sortir nos économies de la crise en continuant de produire, d'investir, d'exporter, de rechercher et développer, de former et d'embaucher de nouveaux salariés. En continuant d'être ambitieuses et dynamiques, elles se préparent dès aujourd'hui à sortir de la crise. Le rôle des États, dans ce contexte, est d'abord de rétablir le fonctionnement normal des marchés financiers, qui n'est pas encore avéré ; ensuite d'adapter le cadre réglementaire ce qui est essentiel pour que nos économies retrouvent le chemin de la croissance. Le rôle des gouvernements n'est pas de gérer les entreprises.

Nos valeurs, et comment en parler au monde…

Les valeurs de progrès ne sont rien sans celles de la dignité humaine, notre double héritage, enraciné dans les valeurs chrétiennes et la philosophie des Lumières. C'est ce à quoi aboutissait la réflexion de la présidence allemande dans sa quête de l'esprit européen ? Du rêve européen, Angela Merkel déclarait « il a pu devenir réalité parce que nous nous sommes souvenus de la qualité première qui, pour moi, fait l'âme de l'Europe, dans l'esprit de laquelle les Traités de Rome ont été possibles : cette qualité est la tolérance. Il nous a fallu des siècles pour l'apprendre. »

La tolérance, l'Europe a payé pour en connaître le prix. Elle a été l'instrument de la paix ; elle permet aujourd'hui la liberté de conscience. Sur cela l'Europe ne doit pas transiger : c'est ce qu'elle a inventé en propre, et qui sous-tend les équilibres de ses sociétés.

Nous sommes un peu moins assurés de la façon dont nous devons proposer les valeurs de l'Europe au monde. La dignité humaine, la primauté de la personne, la liberté d'expression, de culture, les libertés politiques… René Cassin a transcrit, avec foi, ces valeurs européennes dans la Déclaration universelle des droits de l'homme. Universelles, mais perçues dans beaucoup de pays comme occidentales (voire impérialistes), elles sont aussi ce par quoi le monde nous met à l'épreuve. Elles nous imposent d'être irréprochables, y compris par exemple sur l'état de nos prisons, qui a valu à la France une condamnation de la Cour européenne des droits de l'homme. Nous sommes confrontés à ce débat sur les valeurs et l'identité de l'Occident. Ainsi, quand nos entreprises s'efforcent d'être des vecteurs des droits de l'homme (des droits sociaux, du droit du travail…) au fin fond des pays où sont établies les nouvelles chaînes de production.

Européens, aspirant à l'universel, nous sommes clairement occidentaux. Nous partageons nos valeurs avec l'Amérique du Nord, mais ce n'est pas pour autant que nous fusionnons dans la même vision.

L'Occident a deux visages. Le nôtre est pétri par notre culture propre : une culture qui a toujours percé les frontières nationales, marquée par l'ouverture à l'autre, le goût du multilatéralisme et du droit international, la conviction que la culture et la solidarité sont le ciment d'une communauté. Car c'est l'adhésion à des valeurs communes qui définit les frontières de l'Europe, plus encore que les critères géographiques. Cette culture est le ferment de l'esprit européen. On peut ne pas approuver la voie de l'exception culturelle, mais il ne faut pas laisser la question culturelle en jachère.

Avec une vision propre, avec des valeurs, avec une culture commune, l'Europe peut choisir d'incarner l'avenir… ou de thésauriser sur le passé. Cet héritage impressionnant ne doit pas figer les Européens dans le sentiment navré que leur grandeur est derrière eux. Ne nous plaignons pas de partir de haut : sur cette monture, allons loin.

Faire place aux nations

Alors justement, où doit aller l'Europe, quel est son but ? Assurément pas la transmutation des États d'Europe en une super-nation. On peut avoir de l'ambition et vouloir du leadership sans tomber dans ce piège. Bien au contraire, le sentiment d'appartenance à l'Europe passe par celui des nations. Il faut se sentir nation pour aimer les autres et pour aimer l'Europe.

Cela ne tombe pas si mal, car partout s'observe la force vitale des sentiments nationaux face à l'uniformité de la mondialisation : ce sont ici des « remontées d'histoire », retour sur scène de peuples évincés, comme en Bolivie avec Evo Morales, comme au Chiapas, comme en Catalogne aussi ; ce sont ailleurs des résurgences de populismes nationaux, comme en Italie.

MON MÉDECIN EST PALESTINIEN, MA VOITURE EST JAPONAISE, MA MONTRE EST SUISSE, MES LUNETTES INDIENNES, MON PANTALON CHINOIS, MON CALEÇON AMÉRICAIN, MON T-SHIRT TUNISIEN, MAIS MA CULTURE EST EUROPÉENNE.
C'EST L'ESSENTIEL!
CAFÉ DE L'EUROPE
Wolinski

Chapitre 5

L'identité en berne

« L'Europe c'est ma seconde patrie. C'est quelque chose dont je peux être et je suis fier.»

Filip, 21 ans, polonais

Le nationalisme, tel qu'il s'incarnait dans un État, avec son agressivité et ses exigences en termes d'espace vital, est une monstruosité qu'il faut espérer morte sur le champ de l'évolution naturelle. Enterrons-le sans regret, pour le mal qu'il fit, et les freins qu'il mit à l'essor de l'idée européenne. La longue crispation qu'a connue l'Europe sur le nationalisme fut une réaction destinée à expulser l'ancien régime et à créer l'unité. Cette opération d'exorcisme historique achevée, il reste l'ardeur du sentiment national, et il reste les nations.

Manifeste contre les chimères

Les nations font partie du patrimoine génétique de l'Europe : sauf à opter pour un avenir transgénique, il serait absurde de prétendre bricoler sur leur décomposition une chimère supranationale appelée Europe. Nous nous sentons européens, parce que nous avons le sentiment de participer à une culture et des valeurs communes ; mais nous nous revendiquons Français, en vertu d'un sentiment intime d'appartenance. L'un ne s'oppose pas à l'autre.

Chacun son rôle. Celui de l'Europe n'est pas de cloner les États-Unis, dont les États fondateurs n'ont jamais été des nations.

Une nation, disait Renan, ce n'est ni un territoire ni une langue, ni un sang, mais un héritage et un avenir partagés :

avoir vécu des choses ensemble, avoir souffert et espéré… Il y a du viscéral dans la Nation.

Mais pour être efficaces ensemble les nations doivent se connaître et s'apprécier. Sinon l'Europe sera une de ces réunions de famille ratées où personne ne se connaît assez pour transformer l'occasion en réjouissance. C'était la force du Général de Gaulle, qui avait assez côtoyé les Anglais pour en connaître les détours, et abandonner certaines de ses certitudes. Plus près de nous, les entreprises ont compris aussi le prix de cet effort, parce qu'elles savent que pour s'implanter efficacement quelque part il faut connaître les marchés, maîtriser les langues, avoir des dirigeants issus des viviers locaux. Dans les affaires, les liens se nouent autour d'une langue partagée, pas seulement d'une langue-véhicule, cet anglais appauvri réduit au rôle de pivot technique.

L'Europe est une coalition de nations qui s'organisent en fonction de leurs intérêts pour agir. Cela ne ressemble peut-être à rien de connu, mais c'est tout à l'honneur de la construction européenne que d'avoir osé forger cette structure ouverte. Et c'est dans cette voie pragmatique qu'il faut continuer.

L'Europe a un territoire, le continent européen, et est ouverte à ceux qui partagent les mêmes valeurs, la même vision, le même projet.

Dans cet ensemble, chaque nation a et doit avoir son propre projet national. La crise de l'Europe révèle souvent la crise des identités nationales. Ceux qui ont mal à leur identité nationale ont mal à l'Europe. Mais l'Europe n'est pas un traitement de substitution. En revanche, elle offre aux nations un espace de pouvoir jamais connu encore, un système qui n'exige le sacrifice d'aucune d'entre elles pour croître et prospérer collectivement.

L'Europe, un véhicule hybride

L'Europe a une culture et un patrimoine commun qui nous permettent de nous dire européens. Mais nous sommes européens par surcroît, en plus de notre appartenance intime, profonde, à notre nation. Mieux, nous sommes européens par le relais de notre appartenance nationale.

Le drapeau bleu étoilé peut toujours venir côtoyer notre bannière nationale, en un signe amical à tous les Européens : seul, il ne voudrait rien dire. La nation européenne, cela n'existe pas, pas plus qu'il n'y a de langue commune de l'Atlantique à l'Oural, le fameux « volapük intégré » cher au Général de Gaulle. Il faut le dire pour en finir avec le carrousel à fantasmes : l'Europe-nation est une chimère dont il est inutile d'effrayer les populations et les politiques de tous bords, sauf à vouloir armer leurs réflexes défensifs. L'Europe est une union d'États-nations qui ne se compare à aucun autre. Être pour ou contre l'Europe ce n'est pas être pour ou contre la France (respectivement : l'Allemagne, la Pologne, etc.). Il faut deux faces pour faire un euro : l'une porte les étoiles européennes, l'autre un emblème national. Il faut ainsi deux faces pour faire un Européen : privé de sa face nationale, le voilà creux comme un masque de comédie.

Chaque nation doit avoir ainsi en elle-même son centre de gravité, chacune doit se sentir assez forte et équilibrée pour pouvoir s'intégrer à un réseau de solidarités sans risquer de dissoudre son identité. Les nations ne diffèrent pas des individus à cet égard : il faut aimer sa nation pour se sentir capable d'approcher et d'aimer les autres nations.

On pourra toujours décider de jouer collectif en mettant ensemble des compétences à Bruxelles, sans vider de son sens la Nation, qui n'est pas une liste de compétences : la construction européenne, y compris par transfert de compétences nationales, passe par la reconnaissance du fait national et par un travail plus serré des nations entre elles.

Aujourd'hui la mondialisation fait reprendre vigueur aux sentiments nationaux. La crise accentue cette tentation comme elle fait renaître puissamment les démons protectionnistes. D'ailleurs le match se joue entre les nations, entre les PNB. Sentant les grands courants unificateurs qui traversent les continents, inquiets d'une crise globale qui leur échappe, les peuples se recentrent sur ce qui les rassemble, ce qu'ils possèdent en propre. *« De fait, le thème de l'identité est mondial »*, écrit Pierre Nora[1]. L'Europe a répondu maladroitement à ce besoin de réenracinement dans le territoire national, en semblant choisir les régions contre les nations. Faire l'Europe des régions, dans l'esprit bruxellois c'était faire l'Europe des territoires, prendre en compte l'incarnation humaine de l'espace européen dans sa diversité. Bien évidemment les gouvernements nationaux ne l'ont pas entendu de cette oreille. Attaquées dans leur cœur économique par la mondialisation, et dépossédées d'anciennes prérogatives politiques par les transferts de compétences, les nations se sont senties évincées du jeu, avec le risque d'être renvoyées au rayon des accessoires historiques.

Le nationalisme est peut-être mort, mais dans l'Europe unie les nations sont à la manœuvre : le vaisseau européen

---

1. « Le nationalisme nous a caché la nation », propos recueillis par Sophie Gherardi, *Le Monde* daté du 18 mars 2007.

n'est allé de l'avant que sous l'impulsion du Conseil, qui rassemble… les dirigeants des États membres. Comme tout véhicule moderne c'est un hybride : moteur électrique rechargeable à Bruxelles pour les trajets du quotidien, moteur thermique carburant à la nation pour les voyages au long court.

Que la Nation et l'Union aient chacune leur rôle, s'épaulant sans se cannibaliser, commence à être compris : dans la nouvelle version du Traité constitutionnel, l'actuel texte du Traité de Lisbonne, les références aux symboles de l'Europe ont été supprimées. L'Europe peut bien se doter d'éléments de reconnaissance, un indicatif sonore entraînant (on en a trouvé chez Beethoven un très convenable), et un logo efficace (le cercle d'étoiles) ; elle n'a que faire d'un drapeau ou d'un hymne, qui sont les symboles de l'appartenance à la nation. Au lieu de jouer à la nation, et de s'épuiser à essayer d'en rassembler le maximun de compétences, l'Europe ferait bien d'entretenir ce besoin de vivre et d'avancer ensemble qui a présidé à sa naissance.

Nous, Européens, avons envie et besoin d'Europe, c'est-à-dire d'un projet.

Le Parlement européen, une garantie démocratique

Dans cette construction européenne avançant à l'énergie nationale, le rôle du Parlement européen est à la fois particulier et troublant. Comme tout Parlement il incarne l'expression du peuple européen. Mais il l'exerce au sein d'une organisation intégrée, collective, que les nations européennes ont secrétée pour se protéger et s'entraider, à l'image de celle que développent pour leur protection aussi bien les animaux que la recherche militaire. Un parlement comme celui de

Strasbourg, à la fois législateur et autorité budgétaire, n'exerce pas la plénitude de la souveraineté, puisqu'il ne peut concevoir une Constitution[1]. Il n'empêche : il est essentiel au débat démocratique qu'une émanation directe des citoyens soit appelée à décider sur les sujets que les nations proposent d'aborder. Mais cette nouvelle « souveraineté européenne » ne risque-t-elle pas d'apparaître comme se substituant aux souverainetés de chacune des nations ?

En fait, le Parlement européen ne travaille que dans les domaines choisis par les États comme relevant d'un traitement collectif, ce qui est une garantie démocratique supplémentaire pour les citoyens.

Pourtant, au fil des traités, ces domaines se sont peu à peu élargis. Il adopte les lois européennes (directives et règlements), vote le budget et contrôle la Commission européenne. Ainsi, son expression politique s'est-elle renforcée. Il n'est pas sûr que les électeurs français en soient conscients.

C'est pourtant aujourd'hui la réalité incontournable de ce qu'est le second plus grand Parlement démocratique du monde, par le nombre d'électeurs comme par celui des populations représentées, après celui de l'Inde.

L'Europe ouvreuse de voie

L'identité de l'Europe est forte et vivace, grâce aux nations qui l'alimentent, grâce aux valeurs et à la culture com-

---

1. Il n'y avait que 16 eurodéputés parmi les 105 représentants choisis pour siéger dans la Convention pour l'avenir de l'Union, présidée par Valery Giscard d'Estaing, qui a conçu le projet préparatoire de Constitution européenne !

mune. De ce substrat, dont nous devons être fiers et conscients, et grâce à cette énergie, sortira la nouvelle Europe : elle attend son plan de route, une vision susceptible de porter et de guider l'action. La politique des petits pas est une prudente règle de circulation, mais à ce rythme nous n'avancerons pas. La Commission européenne a raison de dire qu'il faut avoir toujours une idée d'avance : c'est un volontarisme qu'il faut saluer, mais est-il à la hauteur ? C'est une logique de randonneur myope, pas d'ouvreur de voie.

Or il s'agit d'ouvrir des voies. Il nous manque le projet d'avance.

La mondialisation est là, une crise sans précédent nous frappe, il faut se battre. Nous n'avons que faire des débats sur l'Europe puissance, il s'agit de nous reconnaître pour ce que nous sommes déjà, la première puissance économique au monde, un géant qui lorsqu'il émergera de ses ressassements dépressifs se découvrira capable d'avoir un leadership dans le monde.

À une condition, inventer quelque chose de nouveau, rompre avec les 500 ans d'universalisme par lequel l'Occident a imposé une forme de domination au monde. À bien y regarder, même du point de vue économique, l'héritage occidental vacille sur ses bases : il prend de plein fouet la crise économique et financière, qui remet en question sa promesse d'inébranlable et croissante prospérité. Alors c'est pour nous l'occasion d'une remise en cause : mais l'Europe n'est pas l'Occident, elle a son destin propre, et ce destin qui exige qu'elle accepte de rencontrer sur leur terrain les autres.

L'Europe de demain doit répondre à cinq conditions qui fondent sa vision :

- être fière de ses valeurs et de sa culture, et consciente de sa force économique ;

- porter un message déterminé et audible aux peuples européens ;

- s'appuyer sans crainte sur les nations, qui sont au cœur du moteur européen (de toute façon ces nations ne peuvent plus agir efficacement qu'ensemble) ;

- s'ouvrir au monde ;

- garder la culture du progrès, le goût de son ambition.

L'Histoire nous propose une période extraordinaire. Les États-Unis, ébranlés par les suites du 11 septembre, sont en train de redéfinir avec le Président Obama leur identité et le visage qu'ils entendent présenter au monde. La Russie cherche également à évacuer la queue de guerre froide pour prendre une place nouvelle dans le concert des nations. Les nouveaux géants économiques, Inde, Chine, Brésil, sont contraints à une pause par la crise financière, qui soumet à la loi de la gravité leur irrésistible ascension. Le serpent mondial est en train de muer. Nous sommes sortis du système d'après-guerre et sans doute déjà dans une nouvelle configuration dont nous cernons mal les contours, tant qu'ils ne se sont pas solidifiés. C'est pour le reptile un moment de fragilité, mais dans le cours de l'histoire le moment idéal pour l'action.

C'est le moment pour l'Europe de faire vivre un leadership. Nous avons fait ce géant européen, mais les contraintes fortes qui nous y ont engagés se sont dissipées avec la guerre froide : quelle forme voulons-nous donner à notre action, qu'avons-nous à dire au monde ?

Partie II

BESOIN D'ACTION

Le sens du projet

Libérer la dynamique européenne n'a de sens que si l'on sait où va l'Europe. Il est inutile d'attendre les enthousiasmes populaires si l'on n'est pas capable de proposer une vision aux Européens. C'est parce qu'il est bâti sur une vision qu'un projet est fédérateur. À défaut, oublions le rêve d'une Europe enfin sûre de sa force, s'appuyant sur ses entreprises et le soutien de ses citoyens.

Avoir un projet, c'est traduire une vision en termes d'action politique, certainement pas de tirer des plans sur la comète.

Au fond la principale difficulté est moins de définir les contours de ce projet que de faire prendre conscience à tous les acteurs de sa nécessité. L'esprit français est ainsi fait qu'il avance par « grands » desseins, projets, ambitions, sans croire le moins du monde avoir perdu le sens de la réalité… En revanche cela ne va de soi pour la plupart de nos voisins, qui font vœu de pragmatisme systématique. Certes les entreprises sont attachées à la construction économique, perçue comme une force dans la mondialisation. Elles ont toujours été au rendez-vous : elles ont une « Europe d'avance » disait Jacques Delors. Mais même les milieux économiques européens semblent se résigner à une Europe réduite aux fonctions de gestion avisée du marché unique.

Alors que chaque entreprise se projette quotidiennement dans l'avenir pour anticiper les évolutions de son marché, créer les conditions de sa croissance voire de sa survie, peu de décideurs européens posent la question, pourtant décisive : que sera, à quoi servira l'Europe dans 50 ans ?

L'entreprise Europe est le résultat d'anticipations fulgurantes. Il y a eu le projet CECA, le marché commun, la CEE, le marché unique, l'euro. Depuis dix ans nous n'avons simplement plus de grand projet. Rien n'est venu prendre la succession du projet euro. D'où l'échec du référendum : l'Europe, d'accord, mais pour quoi faire ? « Pour quoi faire ? », mais pas encore « À quoi bon ? ». Le non au référendum n'était pas un soupir de résignation mais une admonestation : ce n'est pas le tout d'avancer, encore faut-il dire dans quel but, avec quelle vision ! La partie III du projet de Traité constitutionnel, qui rassemblait l'ensemble des politiques conduites dans tous les domaines, était à cet égard une caricature involontaire. Trop complet, trop technique, il semblait confirmer l'ornière dans laquelle certains voyaient l'Europe s'enfoncer : quand on n'avance plus, on en rajoute, et puis un jour tout le monde se retrouve piégé dans la complexité.

Soyons simples, alors : il nous faut un projet fédérateur et populaire, resserré sur un concept clair. Les Européens ne veulent plus que leur avenir se règle au rythme du *Business as usual* : l'Europe doit faire sienne cette exigence.

Définir ensemble, au niveau européen, notre stratégie pour répondre à la mondialisation est un levier formidable de croissance, autant qu'un outil de rationalisation. C'était le point de départ de l'Agenda de Lisbonne, dont l'enlisement ne doit pas être un prétexte pour renoncer.

Les élections au Parlement européen et la désignation pour cinq ans d'une nouvelle Commission européenne sont un tournant : c'est le moment de proposer un projet fort aux Européens, à qui il revient d'opter pour ou contre.

Et c'est l'occasion pour eux d'affirmer la légitimité de l'Europe à agir sur les grands sujets de préoccupation des citoyens européens : l'environnement, l'énergie, la formation et la recherche, les relations avec les pays du Sud qui ne sont pas des thèmes réservés aux colloques académiques. Est-ce qu'il y aura du gaz pour se chauffer cet hiver ? Voilà un problème concret dont la résolution se situe au niveau européen.

Sur ces sujets, l'Europe a la capacité et la légitimité pour agir. Elle a vocation à piloter, hiérarchiser, coordonner : il faut le dire, et passer à l'action, enfin.

LE PROBLÈME C'EST DE SAVOIR SI NOUS AVONS INTÉRÊT À CE QUE LES CONTRATS SOIENT LIBELLÉS EN EUROS, PLUTÔT QU'EN DOLLARS
NON, LE PROBLÈME C'EST DE SAVOIR SI NOUS AVONS INTÉRÊT À ÊTRE ENDETTÉS EN EUROS PLUTÔT QU'EN DOLLARS.
Wolinski

Un pilote dans l'avion économique

« L'Europe, c'est la possibilité de rencontrer des gens qu'on aurait jamais connus aussi facilement sinon, de s'inspirer de ce qui se fait de mieux chez nos voisins, et de donner du poids à nos valeurs communes de solidarité, et de respect des droits humains. C'est, malheureusement, aussi trop souvent le consensus mou, et l'obligation de compromis avec des manières de voir que l'on ne partage pas. »

Sophie, 23 ans, française

La mondialisation c'est une compétition économique sans merci, entre les États comme entre leurs entreprises. Pour que les entreprises européennes aient une base solide dans cette compétition mondiale, l'Europe s'est dotée d'un espace, le marché unique, d'une monnaie, l'euro, et de règles d'harmonisation minimales. José Manuel Barroso, le président de la Commission européenne, aime à rappeler ce mot de Malraux : « Il n'y a pas cinquante manières de combattre, il n'y en a qu'une : c'est d'être vainqueur ». À défaut d'un général en chef, il est inimaginable qu'il n'y ait pas de gestionnaire européen de la politique économique. Qui comprendrait qu'à l'heure de la mobilisation, le poste de commandement reste vide ? Les Européens se demandent avec angoisse où est l'Europe, et ils ont raison. C'est le syndrome du Triangle des Bermudes, déjà évoqué : personne n'agit, faute de se sentir légitime à le faire. S'il est vrai que nombre d'instruments des politiques économiques structurelles (infrastructures, éducation, recherche, politique sociale) restent de la responsabilité des États, les instruments de la politique conjoncturelle (politique monétaire, discipline budgétaire dans la zone euro) relèvent de l'engagement européen. L'autonomie de la politique monétaire, garantie par le traité de Maastricht, n'a de sens que dans le cadre d'une politique économique mise en commun. Celle-ci suppose une gouvernance économique européenne… qui n'existe pas.

Les leçons de la crise

La crise économique et financière a commencé aux États-Unis du fait de l'absence de contrôle adéquat des risques de crédits et d'une sophistication financière irresponsable qui s'est développée depuis quinze ans. Parce qu'ils représentent cinquante pour cent du marché mondial des services financiers et absorbent l'épargne d'une grande partie du monde, les États-Unis ont propagé cette crise vers l'Europe, et dans un second temps vers de nombreux pays émergents. La contagion a été d'autant plus rapide que le marché était dérégulé et global. Aussi, ce qui aurait dû n'être qu'une crise immobilière américaine s'est transformée en crise mondiale.

Les premières réunions du G20, impulsées par la présidence française à l'automne 2008, ont montré la nécessité des réformes : avec une régulation plus axée sur les risques, avec une supervision internationale mieux coordonnée et orientée vers la prévention. Cet épisode de la crise a surtout illustré le besoin, pour les Européens mais aussi pour le monde, d'une Europe qui soit force de proposition. Les événements de la fin 2008 l'ont démontré : lorsqu'un leadership est capable de s'affirmer *en* Europe, un leadership *de* l'Europe dans le monde est possible. Les décisions coordonnées n'ont pas encore été prises. Le nouvel épisode de la crise, celui des plans de relance, renforce la nécessité de cette coordination et du leadership.

L'Europe continentale a essayé de tracer son projet européen, de définir les règles de l'économie sociale de marché. La crise a démontré qu'il était dangereux de s'éloigner de ce modèle. L'enjeu pour les Européens est de répondre à la double exigence d'efficacité économique et de solidarité collective. Dès lors la réforme de la gouvernance mondiale et des règles du capitalisme ne peut se concevoir sans l'Europe. Mais comment exercer le leadership des idées si on ne possède pas les moyens politiques d'organiser son action ?

Les armes de la lutte

Non seulement la gouvernance économique fait défaut, mais le nombre de leviers sur lesquels elle pourrait jouer est limité. Autrefois, dans le cadre national, une politique économique consistait à utiliser des outils variés. En fonction des circonstances on dosait ces ingrédients pour concocter ce qu'on appelle le « policy mix », un assortiment d'actions politiques. Mais il n'existe pas de « policy mix » européen, ou alors ce serait un « mix » à un ingrédient unique, la lutte contre l'inflation et les déficits publics. La lutte contre l'inflation ne peut pas être l'alpha et l'omega de la politique économique européenne. Bien sûr elle est un élément traditionnel et fondamental du « policy mix », mais l'absence d'autres leviers limite considérablement notre champ d'intervention. L'Europe est engagée dans une guerre sans commandement : il n'y a pas d'armée pour le plan de bataille qui permettrait d'atteindre les objectifs.

D'où vient la place démesurée accordée au levier anti-inflationniste dans la politique économique européenne ? Des mauvais souvenirs laissés aux Allemands par l'inflation galopante sous la République de Weimar, le dernier acte de la démocratie allemande avant la guerre. Jamais l'Allemagne n'aurait accepté de troquer le deutsche Mark, fort et reconnu, contre l'euro, si ses partenaires n'avaient accepté de verrouiller l'union monétaire sur ce point.

Il faut respecter ce point de vue des Allemands : il n'est pas question de lâcher sur l'inflation, mais cela ne nous impose pas de renoncer à bâtir une politique économique. Le Pacte de stabilité du traité de Maastrich reste un socle incontournable

Sortir du Triangle des Bermudes

Si la crise financière actuelle souligne combien l'Europe manque de leviers d'action, elle a aussi illustré tout à la fois la vacance d'une politique économique européenne et sa nécessité. Elle a montré aussi le besoin d'une véritable stratégie de développement économique et industriel dans un monde en train de se recomposer en grandes « économies-continents ».

D'abord, fait remarquable, les pays européens ont commencé selon leur habitude par réagir dans une belle cacophonie, jusqu'à ce que les marchés sanctionnent ce défaut de coordination. Résultat : sous l'impulsion rapide de la présidence française s'est organisée une réponse plus globale, avec l'Eurogroupe et la Banque centrale. Il a suffi, pour réussir, de bousculer les habitudes et le protocole. Preuve est faite que la question politique se pose, et que maintenir le *statu quo* finirait par se payer.

Ensuite, et c'est plus ennuyeux, chaque pays s'est lancé hardiment dans une relance de type keynésien, sans forcément se soucier des conséquences pour ses voisins. Il n'est pas évident que l'augmentation de la dépense publique soit la seule solution, même s'il est exact que nos économies ont besoin de liquidités supplémentaires tout comme d'un dégel du marché interbancaire afin de soutenir financièrement l'activité. Parmi les réponses à court terme, une aide à la trésorerie et des allégements immédiats de charges auraient permis aux entreprises de passer le cap avec moins de difficultés. La Commission européenne a pris acte de ces divergences et des projets et a tenté de rassembler les initiatives éparses pour donner une cohérence à l'ensemble. Mais la présidence française passée, l'inaction est revenue.

Or dans la conjoncture économique actuelle, l'inaction aboutit tôt ou tard à la remise en cause de la construction européenne.

Pour chaque terrain que nous n'occuperons pas, nous perdrons aussi d'anciennes positions, à moins que nous ne nous y perdions nous-mêmes… Croit-on que l'Allemagne acceptera longtemps que les autres laissent filer leur déficit ? Croit-on que l'union monétaire puisse résister indéfiniment à des tensions budgétaires fortes, à des spéculations sur l'euro, sans que les incohérences entre pays membres n'aboutissent au bout du compte à en pousser certains vers la sortie ?

Sur ces questions, l'action n'est pas une option mais une nécessité : les trois niveaux actuels de coordination des politiques économiques ne suffisent plus[1]. Surtout, ils con-

---

1. Actuellement l'Europe économique s'articule autour de trois séries de dispositions qui coordonnent les politiques nationales pour le court terme (c'est le pacte de stabilité, celui qui fixe la fameuse règle des 3 % de déficits publics maximum), le moyen terme (les « Grandes orientations de politique économique ») et le long terme : des processus relatifs à l'emploi (processus dits de Luxembourg et de Lisbonne), relatifs à la réforme économique (Cardiff) et au dialogue social (Cologne).

cernent tous les États membres, alors que ceux qui ont conservé leur monnaie nationale ont toujours la maîtrise de leur politique monétaire. Quoi de plus logique en ce cas que de proposer une gouvernance économique de la zone euro ?

D'autant que l'affaire est déjà engagée : il existe déjà un groupe, jusqu'ici relativement informel, qui rassemble dirigeants de la zone euro d'une part et de la Banque centrale européenne d'autre part. Théoriquement, il a pour tâche de suivre les politiques économiques, façon polie de dire qu'il ne décide rien (les décisions sont prises par le conseil des ministres des Finances de tous les pays membres, l'Eco-Fin). Sa capacité d'influence est même plutôt menacée : l'élargissement de l'Union européenne a tendance à diluer l'Eurogroupe dans un EcoFin qui se joue à vingt-sept désormais.

Tout occupé qu'il est à assurer ses missions de suivi, l'Euro-groupe n'est pas en mesure de précéder les politiques en question, à jouer un rôle de réflexion et d'éclaireur. D'ailleurs, il est si peu un éclaireur qu'il n'a même pas cru bon de se doter d'un panel d'experts. Pourtant, la création de l'équivalent du *Council of economic advisors*, le conseil d'experts indépendants auprès du Président des États-Unis, permettrait l'élaboration des recommandations publiques sur des actions en faveur de l'économie de la zone. Nous aurions besoin d'un tel conseil mélangeant les nationalités et les approches, et par rapport auquel le gouvernement de la zone euro aurait à se positionner.

L'euro doit être au cœur d'une politique économique et commerciale européenne, à l'instar de ce que font nos grands concurrents mondiaux : Chine, États-Unis, Japon, Corée.

D'une manière plus générale l'Eurogroupe doit monter en puissance : du point de vue des compétences, il est parfaitement légitime qu'il intervienne davantage dans la définition d'une vision européenne de la politique économique. C'est d'autant plus important que les États sont libres de leur politique budgétaire dans la limite des critères de Maastricht.

Faire de l'Eurogroupe une instance pilote est autrement plus simple que faire l'euro : il n'est même pas besoin pour cela de modifier le Traité. Et si c'est la condition pour que l'Europe joue un rôle dans la définition de la gouvernance économique mondiale à l'heure où la crise financière et économique impose une redistribution des cartes… Cela vaut la peine d'y réfléchir.

Pour un leadership européen

Pour que l'Europe soit influente dans le monde, elle doit s'exprimer sur une série de sujets dont chacun voit l'importance : comment voit-elle les régulations économiques ? Quelles recommandations sur la gouvernance des entreprises ? Comment appliquer les normes comptables internationales ? Qu'a-t-elle à dire sur les règles prudentielles ? Que proposer sur les agences de notation ?… Répondre à ces questions qui se posent à tous à la simple lecture des journaux du matin, c'est accepter de devenir force de proposition, exercer sans états d'âme un leadership sur la politique économique.

Or la solution ne réside pas dans l'unification des budgets ou des politiques, mais dans l'augmentation des coopérations. Ce qui suppose une interaction accrue entre Eurogroupe et partenaires nationaux. Les nations restent aux commandes.

De fait, l'action principale de l'Union européenne en matière économique concerne le respect de la concurrence. C'est important, puisque la concurrence a un impact sur le marché ; elle est aussi au cœur de l'opposition au protectionnisme qui caractérise l'ambition européenne depuis ses débuts.

L'Union a créé une doctrine, des autorités supranationales, et on peut se féliciter que sur ce point l'Europe fonctionne bien. Trop bien, disent parfois les entreprises qui se sont attirées les foudres de la Commission, qui pour une fusion trop ambitieuse, qui pour un abus de position dominante. Mais cela ne peut plus être le seul horizon de l'action économique européenne. Celle-ci doit s'inscrire dans un cadre plus global, et donner de la visibilité aux Européens.

En particulier, il s'agit de progresser sur les coordinations. L'idée n'est pas d'encadrer le système, de chercher des règles fixes, mais d'inventer de nouvelles relations, autour de trois propositions :

- de nouvelles instances de discussion du commerce international qui incluent les obstacles non tarifaires, comme le droit du travail et les normes environnementales – puisqu'il est entendu que l'OMC n'y suffit plus ;
- une discussion sur les taux de change et la dimension du change dans les négociations internationales, comme Barack Obama à peine investi l'a fait au sujet de la Chine, fortement soupçonnée de maintenir sous-évaluée sa monnaie pour renforcer ses exportateurs ;
- un dispositif capable de traiter les difficultés financières en cas de crise, comme un FMI rénové.

Tout cela suppose une nouvelle vision du multilatéralisme et de nos relations avec les grands pays émergents :

aujourd'hui, la cacophonie est générale, les relations multi-latérales et bilatérales se superposent dans un admirable désordre. Plus délicat, l'Europe doit se faire avec ces pays le porte-parole d'une culture de la réciprocité : on l'a dit, nous avons le sentiment de nous affaiblir en acceptant que nos partenaires étrangers s'affranchissent des règles que nous imposent nos valeurs. L'ouverture ne doit pas devenir un point faible : mais ce n'est pas aussi simple qu'il y paraît, tant le syndrome colonial pèse encore dans les relations politiques avec les nouvelles puissances.

Capitalisme : peut mieux faire

Sur la « moralisation » du capitalisme, l'Europe a aussi quelque chose à dire. Et surtout à faire. La définition du cadre de fonctionnement du capitalisme est un vrai sujet pour l'Europe, parce que toute son histoire est associée, pour le meilleur et pour le pire, à ce modèle économique qu'elle a contribué à diffuser.

Sur quels aspects porte cette redéfinition ? Il suffit de faire le tour des blogs, experts ou citoyens, pour voir que les points de blocage du système sont connus. Premières sur le banc des accusés lors du déclenchement de la crise des *subprimes*, les agences de notation. L'accusation est connue : en dépréciant brutalement les actifs d'abord sur-évalués, les agences, faisant la moitié de leur chiffre d'affaires sur la notation des « produits structurés » à l'origine de la crise, ont accompagné l'explosion de ce marché, tout en donnant à ces produits une trompeuse respectabilité ; et quand elles ont réalisé leur erreur, elles ont corrigé brutalement le tir, provoquant la panique à mesure que les notes de titres bien cotés se dégradaient.

Autres points fragiles du système, et mis en évidence là encore par la crise financière, la supervision des marchés financiers, la question de la *fair value* (la valeur de marché), ou celle des règles prudentielles (les garde-fous des établissements financiers, qui n'ont pas prouvé récemment leur efficacité).

Face à des chocs imprévus, les entreprises réagissent de façon très concertée, par la voix de « comités de crise ». Autrefois, les gouvernements disposaient du pouvoir de suspendre certaines mesures financières ou comptables, prudentielles, en temps de crise ; aujourd'hui ils ne l'ont plus, et il est à craindre qu'il se soit volatilisé quelque part entre nos capitales et Bruxelles : la Commission européenne n'a que le pouvoir de dire le droit (sauf en ce qui concerne la concurrence), et les gouvernements celui de le mettre en œuvre. Vis-à-vis de l'opinion, vis-à-vis des entreprises, l'Europe gagnerait à organiser, elle aussi, un comité de crise. Ironie de l'histoire, le Medef avait posé la question dès 2006, en préparation de la présidence française, donc juste avant les premiers signes avant-coureurs de la crise : « *Les situations de crise macroéconomique (crise financière généralisée par exemple), à la différence des situations de crise microéconomique (faillite d'une entreprise par exemple), appellent des traitements spécifiques parmi lesquels la suspension temporaire de certaines mesures financières, comptables ou prudentielles.* »… « *Il serait important que l'on prévoie la localisation de ce pouvoir de gestion des crises macroéconomiques. Quel que soit le statut qui puisse être accordé à cet égard aux États nationaux, il pourrait être utile de prévoir, en tout état de cause, un pouvoir de la structure de gouvernance économique de la zone euro ainsi que du Conseil Eco-Fin de l'Union européenne en la matière… et cela avant que nous fassions l'expérience d'une telle crise. »* Les recommandations du rapport Larosière de mars 2009 vont dans ce sens.

On a trop dit que la mondialisation retirait toute marge d'action aux politiques : les choses se passent certes au niveau européen, mais tout cela relève essentiellement d'une volonté politique. Il ne faut plus attendre.

L'économie par ricochet : fiscalité, fraudes et sécurité

Derrière les problèmes purement économiques, se posent des questions de structure majeures, à commencer par la capacité des États à coordonner des sujets qui ont un impact économique fort. Le plus évident est la fiscalité, qui alimente un débat interminable et sinueux. Certains jugent les prélèvements obligatoires trop élevés et redoutent une harmonisation européenne par le haut : une concurrence fiscale permettrait à leur sens de les faire baisser. Pour autant que cette concurrence soit loyale… car on a vu par le passé des pays engranger simultanément les subventions européennes et les bénéfices de ce que certains ont appelé un dumping fiscal.

Une harmonisation fiscale serait la bienvenue en Europe, mais du point de vue des bases d'imposition[1] davantage que des taux. Pour les entreprises, ce serait une complication en moins et une clarification. Il appartiendra toujours aux États de faire leurs choix en matière de taux de l'impôt (sauf pour la TVA), mais la comparaison sera plus facile si les bases sont identiques.

____

1. Les éléments de revenus auxquels s'applique l'impôt (l'assiette fiscale).

De façon plus inattendue, la politique économique concerne aussi l'envers de l'économie officielle : zone d'ombre qui va de la fraude au crime organisé en passant par toutes sortes de trafics qui tôt ou tard ont un impact sur les activités légales. Des progrès ont été enregistrés en la matière, mais le sujet est loin d'être épuisé. Le crime organisé impose une nécessité de vigilance toute particulière car il peut prendre des proportions importantes et étendre loin ses ramifications dans le reste de l'économie. C'est un terrain privilégié pour des coopérations renforcées : un vrai sujet, qui illustre les liens entre économie et sécurité.

Renoncer à la coordination des politiques économiques, un des plus anciens objectifs de l'Union, ferait courir un risque mortel à l'Europe : *« déroulement d'un processus d'hyper-compétition entre les États ruinant le projet politique européen »*[1], remise en cause de l'euro, absence de proposition dans le nouvel ordre mondial. Inventer de nouvelles formes de coopérations économiques, c'est armer enfin ce géant timide que fut trop longtemps l'Europe, pour l'aider à assumer son leadership dans la guerre économique.

---

1. Rapport d'information de la Délégation du Sénat pour la planification, décembre 2007.

Chapitre 7

Wolinski

La guerre du feu

La compétition économique concerne en premier lieu
l'accès aux ressources, et ce quelle que soit l'époque. La
sécurité et la prospérité des nations reposent dessus, mais
aussi leur pouvoir. Il suffit pour s'en convaincre de voir la
vigilance des Américains à garder le contrôle sur le pétrole
du Moyen-Orient, qui vient compléter leurs ressources
locales. L'Europe ne doit pas se tenir à l'écart de ces logiques de pouvoir, sans agressivité, mais sans naïveté. Son
rôle ? Définir à leur instar la plus sûre stratégie pour assurer
à l'avenir notre accès aux hydrocarbures, aux matières premières, aux technologies.

L'énergie, ça nous regarde tous

Aujourd'hui, la politique énergétique relève principalement
de la compétence des États membres, même si sous certains
aspects elle peut entrer dans le cadre du Traité : du point de
vue du marché commun bien sûr, et donc de la concurrence, mais aussi en ce qui concerne la sécurité de l'approvisionnement, les réseaux ou l'environnement. Le futur Traité
de Lisbonne, en cours d'adoption, prévoit (enfin !) une
clause de solidarité énergétique entre les États européens.

La question énergétique relève pourtant de la fonction
protectrice de l'Europe : c'est là que les valeurs de

l'Europe prennent tout leur sens. Or depuis quelques années nous connaissons régulièrement des crises énergétiques : coupure générale du réseau électrique en Allemagne, augmentations erratiques des prix de l'énergie, crise du gaz russe lors du bras de fer avec l'Ukraine… Ce sont des sujets aussi sensibles que redoutablement concrets.

Ce sont aussi de vieux sujets européens sur lesquels la logique de coopération est légitime : la première manifestation de l'Europe fut la Communauté économique du charbon et de l'acier en 1951, et la politique nucléaire Euratom, même si l'essentiel des questions nucléaires (sûreté, stockage des déchets, non-prolifération) restait du ressort des États.

Mais bien que l'Europe ait ainsi une légitimité à traiter ces questions, le fonctionnement actuel des compétences a obscurci les responsabilités. Certains pays ont le sentiment d'y avoir perdu, lorsqu'ils avaient, comme la France, une grande politique énergétique.

Aujourd'hui, les choix doivent être européens, même si la conduite des politiques reste nationale : or il n'y a pas de relais au niveau européen. Nous avons donc besoin d'une communauté européenne de l'énergie. Cela peut se faire progressivement par objectifs limités. Quels objectifs ? D'abord, assurer la sécurité des approvisionnements ; ensuite, avoir une capacité de négociation sur les prix ; enfin, adapter le *mix* énergétique à l'impact climatique.

Garder la maîtrise de nos approvisionnements

Jusqu'ici l'Europe a limité son action aux questions de concurrence. Le débat sur l'énergie a surtout concerné la libération de l'accès au réseau, et en particulier l'*unbundling*, c'est-à-dire la dissociation des activités de production et de distribution du gaz et de l'électricité. Or la libéralisation engagée depuis 1996 pour l'électricité et 1998 pour le gaz n'a pas vraiment convaincu les Européens de l'utilité d'un marché européen des énergies, à tort. Il est vrai que nous avons joué de malchance : la libre concurrence fait théoriquement baisser les prix, sauf quand l'explosion du cours du pétrole joue en sens inverse. Or les prix du gaz sont indexés sur celui du pétrole, et ceux de l'électricité en partie liés à ceux du gaz… Lorsque la demande d'énergie des nouvelles puissances industrielles en plein essor a fait flamber l'offre de pétrole, la contagion a vite fait de gagner tout le circuit, jusqu'au budget de chauffage des ménages européens. Dans certains pays, la hausse a été fulgurante : d'après Energywatch, agence chargée par le gouvernement britannique de régler les problèmes concrets des consommateurs, les prix britanniques, certes bas à l'origine, sont de ceux qui ont le plus augmenté en Europe, avec une hausse du prix du gaz de 70 % entre 2003 et 2006, 52 % pour l'électricité.

À présent que le marché est libre, le vrai enjeu et le principal levier résident dans la négociation de contrats et le maintien de l'offre globale. Certes, en prévision de crises éventuelles, pénurie, embargo ou fluctuation excessive des prix, des mécanismes de solidarité existent, et notamment des stocks stratégiques de pétrole. Par ailleurs, on a construit des infrastructures pour échanger de l'électricité sur des bases bilatérales (France-Allemagne, France-Espagne). Ce ne sont que des mécanismes palliatifs, et cela reste du cas par cas : c'est plus en amont qu'il faut agir, et de façon davantage concertée.

Peser dans la négociation

Le Paquet énergie-climat, présenté en 2007 et conclu par la présidence française, a permis à l'Europe de prendre la tête de la lutte contre le changement climatique. Le développement des énergies renouvelables et les nouvelles ambitions sur l'efficacité énergétique constituent aussi une opportunité pour la compétitivité des entreprises européennes. Ce qui montre que lorsqu'elle est résolue, l'Europe peut relever les défis. Il est temps maintenant de traiter avec la même ambition les autres aspects de la question énergétique. Il faut s'intéresser à l'accès aux hydrocarbures, de manière intégrée avec les différents pays, et de là en tirer une politique d'achat concertée : c'est-à-dire négocier ensemble comme une centrale d'achats. Et ce d'autant plus que les pays producteurs concernés cherchent à nouer des partenariats : l'implication croissante de la Russie au Maghreb, ses relations avec l'Algérie, et la tentative avortée de créer un OPEP du gaz en 2007 (Organisation of gaz exporting countries) en sont des signes très nets.

La nécessité d'une action pragmatique et concertée s'impose particulièrement face à la Russie. À tort ou à raison, les Européens s'inquiètent de leur grand voisin, ombrageux et imprévisible. La Russie traverse une crise d'identité forte : en pleine redéfinition de son aire géographique, en délicatesse avec son statut de deuxième puissance mondiale, elle peine à trouver son positionnement par rapport aux États-Unis. Affirmer sa puissance et sa détermination, comme cela fut le cas lors de la crise du gaz tout autant que de la crise géorgienne, est aussi pour elle une façon d'exister politiquement sur la scène mondiale.

Face à l'éventualité d'une centrale de vente donc, il nous faut adopter une logique de centrale d'achat. L'Europe a d'ailleurs commencé à se concerter, mais il faut aller plus loin : on ne peut laisser la concertation se faire et se défaire au gré des présidences tournantes ou des péripéties de l'actualité. Il faut des cadres fixes : que chaque pays fasse ses choix, mais à l'intérieur d'une politique européenne de l'énergie à moyen et long terme. Les Polonais peuvent avoir une préférence pour le charbon, pourvu que les centrales soient aussi propres que possible, la France pour l'atome, pourvu qu'il soit sous contrôle…

La question du contrôle de l'accès aux matières premières est vitale pour l'Europe, et c'est aussi le cœur de notre action diplomatique : il s'agit d'être influents là où nous en avons besoin. Les minerais qui y sont associés (tous les Français connaissent l'uranium du Niger) ne sont pas moins stratégiques que l'énergie elle-même. La politique actuelle d'investissements chinois en Afrique montre bien que la Chine, elle, suit une stratégie de sécurité d'approvisionnement dont nous devrions nous inspirer.

L'approvisionnement, l'acheminement sûr des énergies et des ressources vitales, inclut également les réseaux, ces infrastructures qui ont défrayé la chronique récemment. Dans une économie globalisée et fortement interdépendante, le pouvoir mondial se fonde sur le contrôle des ressources et des réseaux. Afin de garantir un approvisionnement durable, l'Union européenne et les États tiers ont élaboré des partenariats énergétiques. Mais qu'il s'agisse de gazoducs ou de réseaux électriques, chaque coupure de courant ou menace sur les livraisons souligne cruellement notre vulnérabilité : nous avons besoin, entre Européens, d'une intégration plus forte, ce qui signifie l'achèvement des interconnexions et un système de régulation efficace pour créer de la souplesse, pour éviter les baisses de tension et travailler sur les technologies associées.

Redéfinir le mix énergétique

Chaque État européen possède son propre mix énergétique, c'est-à-dire une répartition spécifique entre les différentes sources d'énergie qu'il utilise. La géographie, les richesses naturelles et les habitudes nationales y jouent un rôle déterminant. Les critères de sélection sont les mêmes partout : la sécurité, le prix (lequel dépend entre autres des conditions d'accès aux matières premières), et l'impact sur l'environnement. C'est ensuite une question de pondération et d'arbitrage. Il n'y a aucune raison pour que l'Europe, si diverse dans ses traditions, choisisse comme un seul homme les mêmes sources d'énergie. Ainsi la France produit 90 % de son électricité grâce au nucléaire là où la Suède est à 100 % hydraulique et où la Pologne dépend quasi exclusivement du charbon.

Or, le Conseil européen a les moyens d'orienter, par des mesures de protection de l'environnement, la préférence d'un État pour certaines sources d'énergie, et donc la composition de son « mix » énergétique – l'ensemble des énergies auquel il recourt. Le Paquet énergie-climat qui vient d'être décidé par les Vingt-Sept pose des objectifs pour 2020. Ceux-ci vont structurer les grands investissements du futur : 20 % de réduction des émissions de CO_2, 20 % d'énergies renouvelables (l'Europe est à 8,5 %) et 20 % de l'amélioration de l'efficacité énergétique, mais il ne tranche pas complètement le débat sur les modalités. Or l'enjeu n'est pas seulement celui du développement durable (ce qui ne serait déjà pas rien) : derrière les choix d'énergie, il y a des technologies, des filières industrielles et de la recherche, c'est-à-dire des engagements lourds pour l'avenir. Quel devenir pour l'atome ? Quelles énergies renouvelables favoriser, et comment les développer ? Que faire des batteries usagées ? Comment stocker l'énergie ? Autant d'enjeux technologiques sur lesquels une communauté européenne de l'énergie pourrait avoir un rôle… et où l'industrie française figure parmi les leaders mondiaux.

Sécurité des approvisionnements, achats groupés, choix technologiques, autant d'éléments de stratégie sur lesquels on doit demander à l'Europe de veiller aux intérêts de l'ensemble des Européens. Aucun État isolément n'a plus le poids ni la légitimité pour entrer seul dans l'arène du marché des énergies. Cette demande doit s'accompagner d'une seule exigence : que la sécurité des approvisionnements s'accorde avec la question des effets climatiques. C'est une question de survie, dès le temps présent.

Chapitre 8

L'EUROPE
A BESOIN QUE
VOUS ME FASSIEZ
UN PETIT FRÈRE.
ALLEZ, AU BOULOT!

La jeune Europe

Angela, 24 ans, espagnole

On a tort de parler de vieille Europe, et tort encore de se sentir blessés de l'attaque ainsi formulée par Donald Rumsfeld, car au fond elle ne nous concerne pas.

Nous, Européens, avons notre histoire, et notre ancienneté dans la revendication des libertés, mais nous ne sommes pas plus anciens que les autres. Penser la vie des États sur le modèle de la vie humaine n'a aucun sens, les États ne sont pas des organismes vivants qui suivraient un destin linéaire du type « croissance », « maturité », « décadence ». Ne nous laissons pas enfermer dans des métaphores et revenons à la réalité. Nous devons assumer notre histoire sans complexes, comme sans prétention.

Il est temps, car nous sommes à un tournant : le système européen de la guerre froide est fini, un nouveau monde approche, l'imperium américain se fissure, l'après-crise ouvrira une ère nouvelle, notre Union doit s'inscrire dans cette dynamique de commencement. Il faut au contraire se sentir jeunes : changer d'état d'esprit, en ayant conscience de ce que l'Europe représente de diversité, car la diversité par la confrontation qu'elle implique est un facteur de mouvement. Or nous nous trouvons à un moment clef : il s'agit d'être conscient des enjeux et de nos atouts.

Du haut de la pyramide des âges…

Mais nous avons aussi des faiblesses, et parmi elles, notre pire ennemie est la démographie, mère de l'économie. La pyramide des âges est très nettement défavorable au dynamisme européen. En 2050, l'Européen moyen aura 52 ans, contre 39 aujourd'hui. Le taux de fécondité est si mou, principalement à l'Est et au Sud, que la population non seulement va vieillir mais se contracter. L'Italie, par exemple, aura perdu d'ici à trente ans un cinquième de sa population. La question n'est pas une compétence européenne en soi, mais elle est trop cruciale pour qu'on se dispense d'une vision partagée, d'une concertation entre nations, avec des objectifs communs, pour développer et attirer en Europe autant de compétences que possible dans la bataille économique.

Or le dynamisme économique fait partie des ressources, il alimente, comme une énergie, la croissance, et accroît la désirabilité de la marque Europe. Il suffit d'observer l'attractivité des États-Unis pour leurs voisins du Sud, et le renouveau démographique mais aussi moral et culturel induit, pour s'en convaincre.

De quel côté chercher des solutions ? D'une politique des naissances, bien sûr, mais aussi d'une politique d'immigration. Ce ne serait pas une révolution pour l'Europe, ce grand chaudron de migrants : notre diversité d'aujourd'hui – 47 langues et dialectes, 96 nationalités – est le produit d'une histoire riche en déplacements de population. Ils ont souvent eu des causes brutales : des guerres de religion aux exodes de la famine en passant par le prurit des persécutions, le mouvement brownien qui a agité et mêlé les populations d'Europe arrachait des racines et bousculait des habitudes. Rarement nous aurons eu comme aujourd'hui la nécessité de choisir et d'organiser nos flux migratoires. Rarement nous aurons eu autant la chance de réussir notre immigration.

Réussir la libre circulation des talents : généraliser Erasmus

Réussir : pour eux, pour nous, cela signifie attirer les meilleures compétences du monde avec un programme européen spécifique. Erasmus a posé un modèle souple et adaptable de circulation des jeunes étudiants, désormais rentré dans les mœurs (3 millions d'étudiants Erasmus d'ici 2012). Le point faible d'Erasmus, c'est qu'il peine à sortir du folklore : la validation des crédits est à peu près automatique, aucun enseignant ne pénalisant un étudiant étranger même manifestement en deçà des exigences académiques. Les étudiants eux-mêmes sont dans une demande de découverte de soi-même et des autres, davantage que de formation. On s'étonne ainsi de constater qu'aucune des meilleures universités européennes (Oxford, Cambridge, Londres…) ne figure dans le palmarès des universités les plus demandées (sur les 12 premières, 12 universités espagnoles et italiennes, grandes et moins grandes).

C'est un Erasmus des talents qu'il s'agit de faire à présent : un filet pour attirer et retenir ces talents étrangers, notamment africains, que nous laissons filer dans les universités américaines. Le dispositif Erasmus Mundus, qui complète depuis 2004 Erasmus, est-il suffisant à cet égard ? Il sélectionne des étudiants et enseignants du monde entier désirant participer à des masters européens (la Chine et le Brésil figurent parmi les nationalités les plus représentées). Admettons, mais il va falloir alors complètement changer d'échelle : en 2006, seuls 80 masters Erasmus Mundus avaient été validés, et 1 400 bourses accordées à des étudiants en provenance de pays tiers. Les ambitions sont louables (améliorer les coopérations, valoriser l'offre d'enseignement européen de haut niveau), mais la complexité du dispositif, le recoupement avec d'autres programmes laissent dubitatifs.

Erasmus ne doit plus être un échantillon d'européanité. Il faut passer aux expériences in vivo, et grandeur nature. Et aller au-delà des universités, en encourageant les échanges de jeunes professionnels : les jeunes sont très demandeurs.

En Europe comme chez soi : l'espace unique des compétences

Les Européens le disent, et c'est dans leur esprit une faiblesse de l'Europe, nous avons su faire la libre circulation des marchandises mais les hommes restent pris aux pièges des formalités administratives, des difficultés à faire reconnaître leurs formations, de la discontinuité des systèmes sociaux et de santé, des réglementations professionnelles nationales… autant d'entraves à un espace unique des compétences. D'après l'article 18 du traité, « tout citoyen de l'Union a le droit de circuler et de séjourner librement sur le territoire des États membres ». Mais concrètement, qui peut aujourd'hui envisager de façon naturelle, sans appréhension, de mener sa carrière à l'échelle du continent, hormis quelques cadres totalement pris en charge par leur entreprise elle-même multinationale ? L'urgence : un suivi du cadre social de la santé, la famille et la retraite, aller plus loin dans la reconnaissance des diplômes, assouplir les conditions d'exercice des professions réglementées, créer des mécanismes de reconnaissance des expériences à l'étranger. Qu'il faille être Français pour être notaire en France est-il une évidence ?

Elle est là, l'Europe sociale, même si ce n'est pas la vocation de l'Europe de refaire ce que les États ont organisé.

Les protections existent déjà au niveau national. Il faut les décompartimenter. La directive sur les services, injustement décriée, a tenté de lever quelques-uns des obstacles les plus flagrants à l'installation et au libre exercice d'une activité en Europe. En France, la libre circulation n'est devenue une réalité pour les travailleurs des nouveaux pays membres que depuis le printemps 2008. Jusqu'alors, malgré la demande conjointe du Medef et des syndicats français, les gouvernements se refusaient à accueillir des « plombiers polonais ».

Donner aux Européens la possibilité d'étendre le périmètre de leur vie aura un impact, qualitatif pour eux, économique pour l'Europe. Les transfrontaliers mettent déjà à profit, à petite échelle, la diversité européenne, mais il s'agit d'ouvrir plus largement les portes et les fenêtres. Compléter à Rennes une formation commencée en Irlande, exercer en Allemagne un métier appris en France, quitter Sarrebruck pour passer sa retraite à Nancy… c'est un marché qui s'étend, un éventail de stratégies et d'opportunités qui s'ouvre, pour les individus comme pour les entreprises. Fin 2007, 0,5 % de la population de l'Union (UE à 15) vivait ailleurs que dans son pays d'origine, contre 0,2 % en 2003. C'est peu, et ce chiffre risque de se réduire car ces migrations de travail s'adaptent au dynamisme du marché : la plupart des travailleurs saute-frontières n'ont pas de projet de vie dans le pays d'accueil et se replient sur le leur dès que la conjoncture réduit les offres de travail.

Parmi les principaux points de blocage, figurent depuis longtemps les professions réglementées. Théoriquement, c'est l'employeur qui juge si le diplôme et le niveau professionnel conviennent, sauf si la profession est soumise à une réglementation dans l'État d'accueil. Après 2006, année de la mobilité des travailleurs, l'Europe a progressé sur ce point : si les maternités françaises ont vu arriver des sages-femmes espagnoles, c'est parce qu'ont été récemment harmonisées les conditions de formation minimales, condition d'une reconnaissance automatique des qualifications professionnelles. Ce qui vaut pour les sages-femmes vaut aussi pour les médecins, infirmières, vétérinaires, dentistes, pharmaciens et architectes. En revanche le problème de la domiciliation fiscale continue à représenter un vrai frein à la mobilité : que fait-on ?

Elle est là aussi l'Europe tout court, celle qu'on fait miroiter aux étudiants le temps de quelques trimestres d'Erasmus. Le goût qu'ils prennent aux confrontations culturelles, la souplesse et l'ouverture qu'ils gagnent à se frotter aux modèles et aux choix sociaux des autres, ce décentrement de soi qui fait l'Européen mérite mieux que d'être une parenthèse dans leur vie.

Structurer l'Europe des échanges

Le développement de l'Europe des compétences s'appuie et se renforce par l'essor des infrastructures de transport. Chaque ligne qui s'ouvre entre deux régions d'Europe modifie la donne, les représentations d'abord, mais aussi les implantations géographiques, les équilibres travail-famille. Les trains à grande vitesse l'ont prouvé, avec une liaison rapide vers les grands centres, des villes plus modestes retrouvent une attractivité, et se nourrissent de l'installation d'urbains soucieux de construire un autre modèle de vie. La carte d'Europe des distances va être remplacée par une carte des temps de parcours, et tracer aux Européens de nouvelles perspectives. Les pays d'Europe ne s'y sont pas trompés, qui ont investi massivement sur la grande vitesse ferroviaire : 60 % des lignes ferroviaires à grande vitesse du monde (en service ou en achèvement d'ici 2020) se trouvent sur le continent. 30 % sur le continent asiatique. Mais on estimait en 2006 que le trafic entre pays membres doublerait d'ici 2020, du fait notamment de l'élargissement… Les priorités d'investissement dégagées par la Commission en 2004[1] se chiffraient à 600 milliards d'euros à l'horizon 2020, tous modes confondus (rail, route, fluvial, aérien, maritime…). Une partie est naturellement financée par les États eux-mêmes. Ce sont des investissements qui donnent le vertige, mais ils sont nécessaires, et proportionnés aux enjeux, et sans doute indispensables à la stimulation de l'activité en période de crise. Les plans de relance sont l'occasion d'un passage à l'acte.

L'Europe, comment ça se dit… ?

Pour vivre et travailler à l'échelle européenne, il faut être en mesure de s'adapter : le minimum requis est la maîtrise de la langue. On parle d'un minimum d'un point de vue humain et social, mais c'est aussi à l'évidence un minimum dans la compétition professionnelle. La maîtrise des langues a une valeur ajoutée importante dans une économie de la connaissance. Or sur ce sujet l'Europe est fragile, elle doute, elle hésite entre la générosité d'un multilinguisme niveleur, et l'efficacité brutale de l'élitisme. Le multilinguisme à 23, un casse-tête chronophage. La conséquence la plus voyante de cet enfermement idéologique est que

---

1. Trente priorités, comme il se doit… Le programme s'intitule Trans-European Transport Network (TEN-T).

l'anglais se retrouve de fait la plateforme linguistique commune des Européens[1].

---

1. Pour mémoire : l'allemand, l'anglais, le bulgare, le danois, l'espagnol, l'estonien, le finnois, le français, le grec, le néerlandais, le hongrois, l'irlandais, l'italien, le letton, le lithuanien, le maltais, le polonais, le portugais, le roumain, le slovaque, le slovène, le suédois et le tchèque.

Que l'on parle anglais en Europe, c'est très bien, pourvu que cela ne constitue pas l'alpha et l'omega des options linguistiques disponibles. La connaissance d'un peuple passe par celle de sa langue. Un Européen devrait parler deux langues en plus de sa langue maternelle. Cet objectif figure d'ailleurs dans l'Agenda de Lisbonne. Cela ne requiert aucun génie particulier. D'ailleurs, chacun ne parle pas si purement sa langue qu'il doive lui être intolérable de commettre des erreurs dans celle des autres !

Cette priorité aux langues doit être réaffirmée et mise en œuvre concrètement : les structures y sont prêtes, les cours de langue prévus dans toutes les maquettes de formations, nulle révolution nécessaire. Sauf celle de l'ambition : l'ambition de former et non de s'en tenir à délivrer des diplômes, côté établissements, l'ambition de parler et non d'avoir 10 à un examen, côté étudiants. C'est en redéfinissant le multilinguisme que l'on conservera une tradition européenne.

Connaître deux langues, ce n'est pas nécessairement maximiser le potentiel d'intercompréhension, ce qui profiterait mathématiquement à l'anglais et à l'espagnol. Ce pourrait être aussi associer efficacité et expérience personnelle de l'Europe : maîtriser une langue « pivot », permettant de s'adapter rapidement dans d'autres pays, qu'elle soit de filiation romane ou anglo-saxonne ; apprendre en sus une langue plus minoritaire, qui donnera un avantage concurrentiel[1] et exprimera un lien plus spécifique à une culture.

---

1. Une étude de la Commission européenne de 2007 intitulée *Multilinguisme et compétitivité des entreprises* estime que près de 11 % des PME européennes ont perdu des contrats en raison de leur manque de compétences linguistiques.

Cette Europe des capitales est jeune, elle vivra avec ceux qui ont vingt ans aujourd'hui. Avec l'euro, avec Erasmus, avec les grandes lignes ferroviaires européennes, avec les écoles essaimant dans les grandes capitales, ce sont de nouvelles options de vie qui s'offrent aux Européens. Il y avait autrefois un « rêve américain », dit Jeremy Rifkin, et puis est apparue cette nouveauté inouïe d'une union d'États-nations expérimentant dans tous les secteurs d'activités des modes de coopération et de solidarité. Il n'y aura de « rêve européen » que dans une Europe qui gardera en elle la foi dans le progrès, le goût du projet, le sens de l'innovation. Ce n'est pas vraiment une question de démographie, même si elle a un rôle à jouer ; c'est une question d'envie. Besoin, mais envie aussi, d'Europe.

QUEL EST LE LANGAGE DE L'EUROPE ?
L'AMOUR.

Chapitre 9

Le temps des savoirs

« L'Europe c'est une invention de qui ? »

Malcolm, 23 ans, États-Unis

Bâtir l'Europe des savoirs… Côté formation, l'Europe des savoirs est une réalité pour quelques grandes écoles de commerce et de gestion, qui ont su exploiter et développer leur marque à l'échelle de l'Union en France : l'ESCP-EAP est devenue une business school européenne, HEC a internationalisé son corps enseignant et conclu des accords de double diplôme dans plusieurs pays. La construction d'une Europe de la recherche, de la création des savoirs, est aussi tâtonnante. Or, si l'Europe a un avenir, il passe par la recherche et l'innovation, la valeur ajoutée de demain : c'était la position, juste et partagée par les milieux professionnels, de l'Agenda de Lisbonne. Pour atteindre les 3 % de croissance, avec un taux d'emploi satisfaisant, dans le respect des objectifs de Kyoto[1] , il aurait fallu notamment consacrer 3 % du PIB à l'innovation (sur fonds privés pour les deux tiers) et améliorer le taux d'éducation (85 % d'une classe d'âge au niveau d'éducation secondaire supérieur).

L'Agenda de Lisbonne prévoyait des objectifs et laissait les États décider de ce qu'ils souhaitaient faire : cette méthode a bloqué un programme par ailleurs pertinent et nécessaire, dont rien de crédible n'est sorti. Certes le taux d'éducation

---

1. C'est-à-dire un taux d'emploi de 70 % de la population active (60 % des femmes, 50 % des seniors), et la réduction des gaz à effet de serre de 8 %, à l'horizon 2010.

a progressé, mais les dépenses de Recherche et Développement stagnent à 1,8 %, quand elles ne régressent pas (pour dix pays dont la France et le Royaume-Uni). Seuls deux pays dépassaient en 2006 les 3 %, la Finlande et la Suède. À la traîne dans les comparatifs internationaux, l'Europe investit trop peu dans la R&D, l'enseignement supérieur et les technologies de l'information et de la communication. Sa part dans la production mondiale des savoirs et de technologies baisse : moins de publications, moins de prix scientifiques, moins de nouveaux brevets, de nouveaux produits et de nouvelles entreprises[1].

La question se pose alors : est-ce que l'Europe, qui a porté la notion de progrès comme une valeur fondatrice de sa culture, détient toujours la même capacité à agir ? Quels moyens se donne-t-elle pour retrouver ce moteur du progrès qu'est l'innovation, assise sur une recherche à la fois pointue et diversifiée ?

Atteindre la taille critique

La réponse se trouve du côté de la notion de taille critique. Pour compter dans la compétition intellectuelle internationale il faut être assez gros. Assez gros pour avoir un vivier de chercheurs susceptibles de faire émerger des thématiques et des résultats, pour attirer les meilleurs.

La recherche fonctionne sur le modèle du tas de sable : peu de contributions réellement décisives, tout en haut de l'édifice, mais qui reposent sur l'existence d'une masse de travaux anonymes qui en constituent la base et le réservoir.

---

1. Voir le rapport de Laurent Cohen-Tanugi, *Une stratégie européenne pour la mondialisation*, avril 2008.

Il n'existe pas de recherche « économique », rentable, qui ne développerait que les sujets porteurs et ne financerait que les chercheurs talentueux. Les résultats sortis par un chercheur anonyme nourrissent la réflexion d'un autre et parfois seront la clef de voûte de sa propre théorie.

Les acteurs de l'université et de la recherche ont-ils la taille critique en Europe ? D'évidence, il suffit de regarder les classements internationaux pour répondre que non. Parce que si la 1re université française ne se place qu'au 46e rang mondial, ce n'est pas faute de chercheurs talentueux, mais à cause d'un effet d'échelle. Pour mémoire, le classement dit ARWU créé par l'Université de Shanghai[1] (très contesté pour de bonnes et de mauvaises raisons, mais incontournable) place Cambridge, la première université européenne en 4e position (Oxford venant en 10e). Il y a neuf universités de l'Union européenne sur les cinquante premières, sept britanniques, deux françaises (Paris VI et Paris XI). Une remarque : quand on sait que les différentes universités parisiennes sont en fait des sous-parties issues de l'éclatement de la Sorbonne, on imagine le bond dans le classement que représenterait une université de Paris unifiée, ou reliée à d'autres universités européennes.

Un chiffre permet d'éclairer le débat : le budget de la première de ces universités mondiales, Harvard (34 milliards de dollars en 2007), approche celui de l'enseignement supérieur en France (27 milliards d'euros en 2008), même

---

1. Il évalue la qualité de la recherche en s'appuyant sur cinq types de critères pondérés : nombre d'élèves et de professeurs ayant remporté un prix Nobel ou une médaille Fields, ou très cités dans la littérature scientifique, nombre d'articles publiés dans les revues anglophones Nature ou Science, et dans une liste de revues scientifiques importantes, et performance académique par rapport à la taille de l'institution.

si la crise financière lui a fait récemment subir un régime sévère. Des chiffres transposables à la recherche, avec peut-être un décalage plus grand encore puisqu'elle s'effectue, en France, surtout dans les universités... et non dans les grandes écoles qui absorbent une proportion considérable du budget précédemment cité. Mais ce n'est pas la France, c'est l'Europe qui doit avoir ses Harvard. Elle doit aborder ce chantier avec volontarisme, car rien d'aussi ambitieux ne peut naître des initiatives nationales.

Les programmes européens sont intéressants mais pas suffisants : il faut travailler de manière davantage structurelle, pour créer des centres de taille critique. Nous devons penser en ces termes, pour attirer les meilleurs chercheurs, pour générer des synergies entre chercheurs, pour drainer aussi des financements privés. L'idée est acquise en France, où les universités s'engagent avec plus ou moins d'enthousiasme dans des opérations de rapprochement, notamment sous la forme des pôles de recherche et d'enseignement supérieur (PRES). La plupart des grandes villes universitaires ont déjà su rassembler leurs pôles universitaires dans des PRES[1]. Certains établissements sont allés plus loin en cherchant la taille critique au niveau du territoire régional. C'est le cas du réseau « Université européenne de Bretagne », qui fédère les deux universités de Rennes, celles de Bretagne occidentale et de Bretagne Sud, mais aussi des écoles, l'Agrocampus et l'Insa de Rennes, l'antenne de l'ENS Cachan, l'ENST Bretagne et l'ENSC Rennes.

Mais ce serait du provincialisme que de limiter ces rapprochements au territoire national. Les chercheurs vont dans

---

1. C'est le cas de Bordeaux, Lyon, Toulouse, Nancy, Aix-Marseille. À Paris quatre PRES sont en cours ou réalisés.

des colloques internationaux, participent à des séminaires à l'étranger, ne serait-ce que parce que leur spécialisation extrême implique des rapprochements avec les rares spécialistes européens de leur question. Les structures doivent suivre : nous avons besoin de créer de grandes plateformes européennes de recherche. L'Europe a choisi de jouer cette carte, mais elle avance en ordre dispersé.

Déprovincialiser l'Europe de la recherche...

La question a été largement débattue dans le cadre de l'Agenda de Lisbonne, mais concrètement seuls deux pays atteignent les 3 % décisifs, et les rares actions menées le sont au niveau national. En France, les pôles de recherche ont été créés dans l'objectif d'atteindre une taille critique, mais beaucoup restent largement théoriques. Ces entités de papier affichent un nombre de chercheurs accru et auront donc une meilleure visibilité dans les comparatifs internationaux, en termes de publications, mais sur le terrain rien n'a vraiment changé. Or la taille critique n'est pas qu'une question d'addition mais de multiplication : ce qu'on veut, c'est plus d'échanges entre équipes, des synergies, des fertilisations croisées. Les chercheurs eux-mêmes le demandent : il faut déprovincialiser le système.

La carte de la recherche est particulièrement atomisée dans notre pays où l'on a multiplié les universités de proximité. Le chercheur étant aussi un enseignant, l'émiettement de l'offre d'enseignement a enfermé la recherche dans des micro-structures. Tant que les universités resteront prisonnières de logiques de clocher, tant que les chercheurs seront contraints de se rattacher au groupe de recherche de leur établissement d'enseignement uniquement parce que les crédits de recherche alloués à l'établissement dépendent du nombre de chercheurs rattachés…, la recherche restera ce monde de prés carrés, pour ne pas dire de lopins, qui fait la faiblesse de l'Europe.

Sur ces points les pouvoirs publics doivent intervenir, et d'autant plus lorsque c'est, comme en France, moins une question de moyens que de cadre légal et financier. Mais pour se rassembler, il faut le goût de se comparer : tous les chercheurs y sont-ils prêts ?

Quel potentiel pourtant ! Et quelle belle manière ce pourrait être de renouer avec une longue tradition européenne, celle de grandes universités drainant étudiants et chercheurs de tous les pays, la Sorbonne, Séville, la Bocconi, Heidelberg… L'université porte en elle le rêve de l'universel ; l'Union européenne doit être son levier pour quitter l'ornière provinciale.

Les modèles existent, et les raisons d'espérer aussi : premier parmi les candidats au plan Campus en France, le Plateau de Saclay (déjà bien pourvu, avec trois médailles Fields et un Nobel en dix ans) devrait regrouper d'ici 2015 une vingtaine d'instituts de recherche parmi les plus prestigieux, Polytechnique, ENS Cachan, Centrale, bientôt l'Agro, etc. : les personnels de recherche et d'enseignement passeraient de 14 500 à 20 000 et les étudiants de 22 000 à 34 600. À quoi il faut ajouter les 1 500 chercheurs d'entreprises privées. Voilà une entité qui sera à la fois un lieu partagé pour croiser des idées, avec un effet campus, mais aussi un pôle assez remarquable pour devenir une référence au niveau européen.

Les efforts de recherche et développement sont du ressort des pays, mais l'Europe a une action de sensibilisation à mener, d'autant que dans certaines disciplines, la recherche est aussi un produit mixte entre universités et entreprises. Il est important de créer une dynamique sur des sujets porteurs pour l'avenir. Ces initiatives (le programme de soutien EURAXESS Services *Researchers in motion*, la base d'information sur la recherche dans les différents pays du monde ENIC-NARIC…) sont insuffisamment relayées par les établissements nationaux. Comme souvent, l'Union européenne est moins absente du paysage que frappée d'invisibilité.

…et investir dans l'avenir

La vie de l'économie, et de l'industrie en particulier, est rythmée par le consensus qui se fait sur des technologies. Régulièrement une technologie apparaît qui bouscule les modèles antérieurs et entraîne une redistribution des besoins et des productions : ce fut le cas aussi bien pour le chemin de fer au XIXe siècle, que pour l'atome ou la téléphonie mobile… L'Europe a vu ainsi son existence rythmée par de grands projets fédérateurs qui ont fait beaucoup pour le sentiment de fierté des Européens : Airbus, Ariane, Galileo, autant de projets communs, inaccessibles à un État isolé, pour lesquels on a su s'associer. Dans un avion airbus qui s'élance sur n'importe quel aéroport du monde, c'est l'Europe concrète qui montre sa puissance : voilà pourquoi ces grands projets quel que soit leur coût sont populaires.

La fierté industrielle et scientifique est décisive pour l'identité. Ce sont des facteurs structurants, autant que des sujets de collaboration avec d'autres continents.

Les Européens ont historiquement eu foi dans le progrès. Aujourd'hui que leur modèle de progrès n'est plus exactement superposable avec celui porté depuis un demi-siècle par les États-Unis, ils doivent projeter et défendre dans le monde leur propre conception. Or nous avons trop tendance à employer nos ressources au maintien des structures du passé, au lieu d'investir sur l'avenir, par la recherche et la technologie. Ce qui ne signifie pas que tel ou tel secteur doive être délaissé. Si on considère l'agriculture comme un secteur stratégique de demain, en termes de sécurité et de souveraineté alimentaire par exemple, alors les investissements dans ce secteur sont plus que justifiés. C'est la R&D et l'investissement dans le savoir qui doivent devenir la priorité budgétaire en Europe.

La préférence pour le passé est considérable en Europe. L'accompagnement à l'industrie lui-même est perçu comme un système de soins palliatifs accompagnant la lente déshérence d'un secteur auquel on semble ne plus croire. Pourtant il y a un avenir industriel, dans la technologie, l'agro-industrie, les secteurs innovants en général. Investir sur l'avenir, c'est alors se recentrer sur l'innovation comme axe majeur de compétitivité, renforcer le « capital humain » qui fait notre richesse, stimuler la concurrence et l'émulation, promouvoir des projets de recherche et développement communs, faciliter la mobilité des travailleurs, enseignants, chercheurs et porteurs de projets (avec enfin un brevet européen). Les outils existent, et ne sont pas uniquement budgétaires (stratégie fiscale, encouragement du capital-risque…).

Trop soucieuse de son passé, l'Europe doit se souvenir qu'elle a le progrès dans ses gènes : ouverte et solidaire, elle n'a pas pour autant vocation à trop soigner les morts et à oublier les bébés.

Chapitre 10

LES PAYS QUI NE NOUS ONT PAS COLONISÉ VIENNENT FAIRE DU BISENESS AVEC L'AFRIQUE.
ET LES PAYS QUI VOUS ONT COLONISÉ ?
ILS VIENNENT FAIRE DU TOURISME.
WOLINSKI

Cap au Sud

*« L'Europe c'est trois mots :
bureaucratie, stabilité, opportunités. »*

Paolo, 20, italo-catalan

Dans la mondialisation, les perspectives pour les pays du Nord dépendent de leur capacité à bien travailler avec leur Sud. Les États-Unis ne s'y sont pas trompés : ils ont stabilisé les échanges et ancré leur influence sur les deux continents par l'accord de libre-échange USA/Canada/Mexique, l'ALENA. Sans avoir autant théorisé la question, les nouvelles puissances d'Asie ont aussi choisi une sorte de modèle de coprospérité qui fait penser au système de vol des oies sauvages : une escouade de pays prend son essor de façon groupée, mais les uns se mettent dans le sillage des autres (Japon, Corée, Thaïlande, Chine), qui se relaient pour assurer le leadership.

Chance pour l'Europe, elle a un Sud en plein essor, démographique certes mais aussi économique : un marché potentiel de 860 millions d'habitants, presque le double du nôtre.

Mais notre Sud n'est pas qu'un voisin : comment construire un modèle de coprospérité avec des États créés sur l'humus de notre empire colonial ? Le passé de l'Europe a longtemps pesé sur les relations des anciennes grandes puissances avec leur Sud, en leur donnant une coloration essentiellement politique. Pourtant l'Union européenne n'est ni un État-nation, ni l'héritière des colonialismes nationaux de ses États membres : elle a une carte à jouer dans la conquête de cette nouvelle frontière qu'est l'Afrique.

La myopie africaine de l'Europe

L'Afrique, ce n'est pas qu'une zone commerciale, c'est un continent. Au sens propre, mais aussi du point de vue de la diversité des situations par pays, de l'ampleur des perspectives et des défis. 860 millions d'habitants donc, dont 80 millions pour le seul Maghreb (seule région à avoir achevé sa transition démographique et dont la population n'explosera pas). Les deux tiers des habitants ont moins de 25 ans, le revenu moyen y est dix fois inférieur au nôtre, mais en croissance depuis les années 1990, et à un rythme qui s'accélère. Tout cela donne une idée du marché potentiel que recèle ce continent. Et son émergence n'est pas loin, si l'on en juge par les taux de croissance arborés : 22 % en Guinée équatoriale, record du continent, et 6 % pour l'Afrique entière comme au Maghreb. De ce potentiel à nos portes, que faisons-nous, nous autres Européens ? Bien peu de chose, et trop peu de cas, faute de pouvoir vraiment dépasser les tensions politiques, les arrière-pensées qui parasitent nos relations avec d'anciennes colonies européennes.

L'Europe paraît rester prisonnière du registre politique, à cause de son passé qui conditionne la façon dont elle évalue la capacité de ces pays à accepter une coopération et sous quelle forme. Ainsi, historiquement, l'aide française était concentrée sur des échanges de professeurs, pour maintenir une influence culturelle et politique, davantage qu'elle ne fut une action économique.

Longtemps l'action de l'Europe a été symbolisée par le système d'aide à l'accès des produits d'Afrique, Caraïbes Pacifique (ACP) au marché commun, grâce à des conditions douanières préférentielles peu du goût de l'OMC : le système a volé en éclats en 2006, et son remplacement par les

Accords de partenariats économiques (APE, depuis le 1er janvier 2008), encore en cours de négociation dans de nombreux pays, fut un bras de fer diplomatique extrêmement tendu. Au-delà de la partie libre-échange, d'autres volets tels que les lois sur l'investissement, la gouvernance et la propriété intellectuelle sont particulièrement délicats. Mais le cap est donné : le temps de l'assistance est révolu.

À de rares moments, nous sommes parvenus à jouer la carte économique, délaissant pour un temps le terrain politique. Ainsi lorsqu'il s'est agi de sécuriser les approvisionnements de matière première (Stabex[1] et Sysmin) et de stabiliser les cours des produits miniers.

Qui va à la chasse…

Il y a autre chose. Absorbés par l'effort d'intégration des pays de l'Est après la chute du mur de Berlin, les Européens ont un peu oublié que leur espace naturel d'échange n'était pas limité au continent, et qu'une grande part relevait de l'espace méditerranéen. L'auraient-ils eu à l'esprit que cela n'aurait sans doute pas changé grand-chose, tant ils se sont accoutumés à penser leur Sud avec un paternalisme mêlé d'inquiétude, et à ne lui parler que le langage de l'aide et de la pression diplomatique. Nous avons donc négligé notre Sud. Bien que continuant à traiter avec lui, par tradition et sans doute amitié, nous avons renoncé à en faire un projet.

---

1. Ce système de compensations financières servait à stabiliser les recettes à l'exportation des pays ACP. Le Sysmin soutenait spécifiquement le secteur minier. Issus des différents accords de Lomé, ils ont été abolis par les accords de Cotonou en 1996.

D'autres pendant ce temps se sont glissés dans la place : les investissements directs étrangers ont triplé depuis 2002 en Afrique, et se sont diversifiés bien au-delà du seul secteur pétrolier. Qui est alors à la manœuvre ? L'Inde, la Chine, le Brésil, et même l'Iran ou le Venezuela, des pays qui partent d'une feuille blanche avec l'Afrique. L'Afrique est un des grands enjeux de la compétition internationale. Le Maroc a les mêmes accords douaniers avec les États-Unis qu'avec l'Union européenne.

Le montant des investissements chinois sur le continent atteignaient en juin 2008 mille milliards de dollars, placés dans les transports, les télécommunications, l'extraction de matières premières (l'Afrique fournit un tiers du pétrole dont la Chine a besoin). 700 entreprises chinoises sont en Afrique, et le gouvernement chinois a ouvert le marché national en franchise de droits à 440 produits africains. L'investisseur numéro 1 est jugé, par les Occidentaux, peu regardant sur l'éthique des affaires et les droits humains. Il prête aussi parfois à des conditions inquiétantes pour les États concernés eux-mêmes, comme en Angola, au Soudan, ou en République démocratique du Congo où 5 milliards de dollars ont été avancés, remboursables en titres miniers…

Soucieuse d'asseoir son image dans ces terres neuves pour elle, la Chine ranime délibérément l'esprit de Bandung, et complète ses menées économiques de gestes politiques et culturels qui l'amènent à marcher sur les brisées des anciennes puissances coloniales. Elle distribue des bourses d'études aux jeunes Africains, les forme dans ses universités (10 000), et envoie des casques bleus chinois (1 500) dans des opérations de maintien de la paix (Liberia, RDC).

S'il se passe quelque chose en Afrique, il faut y être : les États-Unis, qui avaient abandonné le terrain, ont senti le vent tourner et reviennent désormais en force par souci d'être sur le futur théâtre d'opérations d'envergure ; par volonté, aussi, de soutenir sur le continent les valeurs occidentales aussi. Mais où est l'Europe ?

Certes, l'Union européenne, plus grande puissance commerciale au monde, l'est aussi en Afrique. Sa présence reste massive dans les exportations du Maghreb (entre 60 à 80 % selon les pays), comme dans ses importations (50 à 70 %).

En volume, les exportations africaines vers l'Europe représentaient 126 milliards d'euros en 2006 (pétrole et gaz, produits alimentaires et matières brutes), tandis que 92 milliards d'euros de produits européens arrivaient sur le continent (pour moitié des machines et des véhicules)[1]. En 2007, les exportations africaines ont augmenté de 22 % : c'est un arrière-pays fécond.

Aujourd'hui, il s'agit de consolider notre ancrage dans cet arrière-pays méditerranéen comme nous avons effectué à la fin du xxᵉ siècle la grande suture de l'Europe.

Redonner un cadre aux échanges méditerranéens

Nous devons inventer un nouveau concept de partenariat qui ne passe plus par la notion d'aide. Les habitants de l'autre rive de la Méditerranée ne veulent pas être aidés, ils veulent travailler avec nous à une croissance qui leur rapporte ses fruits. Il faut passer par une politique européenne

---

1. Au premier rang du commerce avec l'Afrique, la France est le premier exportateur européen (23 % du total) et le second importateur (16 %).

de coopération (qui peut être initiée en Europe et déclinée par les États), sous forme d'actions bilatérales concertées.

En 2007, l'adoption d'une stratégie conjointe Union européenne-Afrique a amorcé un changement de cap bienvenu. Déclinant des partenariats sur des grands sujets communs (énergie, immigration, climat, mobilité et emploi), elle reste cependant à mettre en œuvre.

Plus récemment encore, la présidence française a lancé et développé le projet d'Union pour la Méditerranée (UPM). Les bases institutionnelles du projet Barcelone ont été posées : quarante-sept États membres, une gouvernance à parité, avec deux coprésidents issus du Nord et du Sud. L'UPM s'occupera de programmes d'environnement et de développement durable (agences de l'eau et de protection de l'environnement maritime) ; de programmes en faveur du dialogue des cultures ; soutiendra une stratégie de croissance partagée via l'investissement, et l'amélioration des outils financiers (banque euro-méditerranéenne de développement, utilisation des flux d'argent des migrants), et développera une politique de sécurité au sens large (protection civile, flux migratoires, renforcement de l'État de droit et des droits humains).

Mais l'expérience européenne a montré que l'économie est ce qui réunit les gens. Certes ces programmes ont d'abord vocation à servir de cadre fédérateur. Et sur le terrain, un certain nombre d'acteurs ont pris les devants, organismes privés ou semi-privés, qui montrent le chemin en mettant d'eux-mêmes le cap au Sud. C'est l'IPEMed (Institut de prospective économique du monde méditerranéen) qui crée un consortium de banques méditerranéennes pour canaliser et rentabiliser les flux financiers des migrants, ce sont aussi des établissements d'enseignement supérieur qui essaiment vers l'Afrique et le Moyen-Orient : la Sorbonne à Abou Dhabi, Lyon II à Dubaï, et à la rentrée prochaine une antenne de Dauphine ouvrira à Tunis, tandis qu'à Rabat, une université internationale (UIR) proposera des doubles diplômes avec l'IEP de Grenoble, l'Université Polytechnique de Nantes, l'Université de Rennes… ou celle de Yale.

Des cadres institutionnels se créent pour redessiner la politique africaine de l'Europe, des initiatives privées les investissent, mais l'Europe doit se soucier aussi du cadre des échanges économiques. Nous avons besoin d'aller dans cette direction :

- avec un cadre économique favorable aux activités, en matière de sécurité juridique et de rapatriement des bénéfices ;
- avec des programmes de développement et de coopération marquants ;
- avec une forme de rapprochement douanier favorisant l'échange avec la Méditerranée.

Mais beaucoup reste aussi à faire pour améliorer l'environnement des affaires et faciliter les investissements dans ces pays.

Pourquoi les Européens vont-ils peu sur ces marchés, sinon parce qu'ils redoutent leur instabilité politique parfois, l'opacité et l'instabilité du cadre juridique souvent ? Ces problèmes nous les avons connus, et en partie surmontés, avec nos voisins de l'Est : on peut supposer que les méthodes utilisées puissent être acclimatées plus au Sud. Ce qui impliquerait de donner des garanties aux investisseurs, de leur assurer la stabilité d'un environnement *business friendly*, notamment sur le plan juridique. L'attractivité de certains pays comme l'Égypte, relevée par la Banque mondiale, fournit également des pistes : elle est le fruit d'efforts de structuration législative et financière, qui restent à poursuivre mais qui ont permis la création d'un marché d'investissement plus lisible que celui de ses voisins.

L'Europe devrait amener le débat sur ces questions. Nous n'avons rien à prouver au plan politique : là aussi, il nous faut avancer par l'économique. L'Afrique est prête à accueillir beaucoup d'investissements, il faut voir à quelles conditions. Alors, allons-y ! L'Union européenne est faite, l'espace eurafricain reste à construire.

Conclusion

L'EUROPE, C'EST PENSER À L'AVENIR...
QU'EST-CE QUE VOUS FAITES CE SOIR?
WOLINSKI

L'Europe est virtuellement en position de leadership mais elle ne l'exercera qu'à condition de rénover son état d'esprit vis-à-vis d'elle-même et des autres. Nous avons besoin d'une Europe enfin sûre de sa force, s'appuyant sur ses entreprises et le soutien de ses citoyens. La condition de cette métamorphose ? Les Européens doivent savoir où va l'Europe.

L'Europe au fil de l'eau, prolongée par reconduction tacite, a montré ses limites. On attend de l'Europe qu'elle propose un projet appuyé sur une vision : à défaut, inutile d'espérer fédérer l'immense diversité des peuples, de transcender les points de vue nationaux. On l'a dit : c'est bâti sur une vision qu'un projet peut mobiliser.

Le projet européen doit donc être simple, fédérateur et populaire. Ni le long terme, ni le risque de crises ne sont vraiment un problème pour les Européens, qui savent à quel rythme travaille l'histoire. En revanche ils posent une condition : ils veulent avoir une direction.

Avoir un projet n'est pas une ambition extravagante, réservée aux lointains pères fondateurs, forcément visionnaires (de fait certains l'étaient). Aucune entreprise qui fonctionne sans projet, aucune qui puisse naviguer à vue en fonction des seules questions quotidiennes, sauf à se condamner. Mais les professionnels eux-mêmes ont du mal à se positionner par rapport à l'Europe, ils sentent le débat plombé par des questions non résolues, la Nation, la relation du pouvoir économique et politique, etc. Dès lors les entreprises, par pragmatisme et volontarisme, préfèrent se concentrer sur une poursuite de la construction économique qui n'affecte pas la vie propre de la nation, mais crée de nouvelles zones de solidarités.

Pourtant, l'unification, au niveau européen, de certains univers économiques, peut rendre accessibles des gisements de croissance : l'Agenda de Lisbonne ne disait pas autre chose, mais il le disait d'une façon si improvisée qu'il s'est perdu dans les sables.

Il faut reprendre cette voie tracée, et y mettre cette fois-ci toute la force de notre ambition.

La dynamique d'un projet c'est l'ambition : nous voulons avoir pour l'Europe un objectif final ambitieux, mais monnayé en sujets très concrets, souples et évolutifs, exactement comme le fut le projet du marché unique ou de l'euro. Pourquoi devrions-nous craindre l'ambition ? C'est elle qui fera rêver les Européens.

Comme toute entreprise, si l'Europe ne pose pas aujourd'hui ses ambitions, elle ne pourra plus progresser, et mettra en danger son existence.

Voilà l'enjeu des prochaines élections au Parlement européen. Voilà ce que la nouvelle Commission devra engager avec les États membres. Les attentes à l'égard de l'Europe sont énormes. On l'attend sur la réponse à la mondialisation et à la crise économique qui conditionne les sujets du quotidien, la sécurité et le coût des approvisionnements en énergie, l'enseignement, et d'autres moins immédiats mais qui parlent à tous : quelle politique de recherche et d'innovation pour préparer la croissance de demain, quelles relations avec nos voisins du Sud ? Il faut y répondre en proposant un véritable projet, simple et clair, aux Européens.

L'initiative *Leadership Europe* lancée en 2006 par le Medef avait souligné la condition d'émergence d'une Europe enfin présente sur le terrain de la mondialisation comme sur les enjeux quotidiens. Elle posait une condition : que l'Europe change la vision qu'elle a d'elle-même, et celle qu'elle donne au monde. L'Europe doit sortir du Triangle des Bermudes, de l'absence de décisions et cesser de craindre de n'être pas légitime pour parler et agir. Avec un projet, avec un engagement et une participation massive des Européens aux élections de leurs représentants au Parlement de Strasbourg, elle sera légitime, et en mesure de faire entendre sa voix.

La voilà, l'Europe des peuples : sur des sujets pareils l'Europe est populaire, en deux sens. Elle parle à tous, et chacun est content de la voir agir. Cette Europe qui répond aux préoccupations des gens existe, mais enfouie dans la multiplicité des programmes et des priorités trop vagues.

Pour la faire émerger, si nous en avons envie et besoin, il va falloir que nous retrouvions la voie d'une forme d'engagement. Engageons-nous, que nous soyons entrepreneurs ou salariés, jeunes ou plus âgés : il ne faut pas laisser aux opposants à l'Europe le monopole du débat. Tous ceux qui attendent de l'Europe qu'elle affirme ses valeurs doivent retrouver la voie d'une forme de militantisme.

L'occasion est là, il faut la saisir : la crise a fait prendre conscience d'un manque d'Europe en ce monde ; le leadership américain bousculé laisse un peu d'espace pour l'affirmation d'une voix européenne. Nous allons élire nos représentants, désigner notre exécutif. Ils auront beaucoup de choses à reconstruire : c'est le moment de nous forger un avenir à la mesure de nos besoins, de nos envies, c'est le moment de recommencer l'aventure de l'Europe.

www.ingramcontent.com/pod-product-compliance
Lightning Source LLC
La Vergne TN
LVHW051236060726
842526LV00013B/2954